Thierry Carles

TOI

Avril 2016, l'exil.

Un jour te retrouver.

Du même auteur :

« TOI Févier 2018, du parloir vers la liberté… »

(En vente sur Amazon)

Page facebook dédiée à l'enfant et aux livres :

TOI avril 2016 par Thierry Carles.

Couverture : dessin du regard de « Toi ».

« Je t'aime plus que ma vie. »
Sylvie en pleurs, quelques jours avant ton départ.

§

Parce que ce n'est pas juste.
Parce qu'ils souffrent.
Parce qu'on les aime tellement.
Parce que les voir partir est une douleur incommensurable.
Parce que je t'aime tant.

Thierry.

§

Mais la mémoire survit.
Et les yeux grands ouverts,
Prisonniers de la nuit.
Il me reste l'image
De ce corps meurtri
Qui pousse un cri.

Daniel BALAVOINE
« Un enfant assis attend la pluie. »

Préambule.

Je suis conscient des difficultés rencontrées par les personnes travaillant dans les services sociaux. Surtout lorsqu'il s'agit d'accompagner des enfants en souffrance.

Cependant les faits sont là. Ils sont transcrits selon ma perception des choses, mon ressenti, mes sentiments et mes émotions.

D'autres personnes auraient certainement leur mot à dire, des explications à donner sur cette histoire, sur l'histoire de cet enfant.

13 septembre 2016.

J'ai encore pleuré deux fois en pensant à toi.

Aujourd'hui, j'ai pris la décision de raconter notre histoire, de raconter ton histoire. De poser sur le papier tout ce que j'ai à dire, tout ce que j'ai à te dire, pour que les mots ne tournent plus en boucle dans ma tête.

Pour continuer de communiquer avec toi.

§

Avant de lire cet ouvrage, car j'espère du plus profond de mon cœur que tu pourras le lire un jour, je voudrais que tu saches :

Ce n'est pas de ta faute. Un bébé de quatre mois ne peut pas être responsable de ce qui lui arrive. Un enfant de six ou huit ans ne peut pas être responsable de ce qui lui arrive. Seuls des adultes peuvent avoir la responsabilité de ce qui peut arriver à un enfant. Tu dois comprendre cela et ne pas te sentir coupable.

Ensuite tu dois avancer, progresser dans la vie et pour cela tu dois pardonner. Pardonner aux adultes pour ce qu'ils ont pu te faire, pardonner à ta maman, aux personnes des services sociaux, à Sylvie et à moi-même.

N'oublie jamais que des personnes t'aiment, même si elles ont été maladroites avec toi.

N'oublie jamais que je t'aime.

Hier, jour de ton dixième anniversaire, le premier que nous ne passerons pas ensemble, j'ai fait un dessin pour toi. Tu te tiens debout, un chapeau dans la main de ton bras gauche que tu tends au-dessus de ta tête. Le chapeau se démultiplie vers un infini. À tes pieds une orchidée, une ophrys mouche de nos champs. Et plus haut, au-dessus de ta tête, une étoile filante comme celles que nous avions l'habitude d'observer lors des nuits d'été, assis sur les marches de l'escalier menant à notre maison.

J'ai également écrit ces quelques mots :

« Comme une étoile brille dans le ciel,
Tu brilles dans mon cœur.
Même quand je ne la vois pas,
Je sais qu'elle est toujours là.
Même quand je ne te vois pas,
Tu accompagnes mes pas. »

J'ai appelé l'hôpital psychiatrique. Il m'a été répondu que je ne pouvais pas avoir de nouvelles de toi, que je devais m'adresse aux services sociaux. Pourtant, quinze jours plus tôt, une personne beaucoup plus compréhensive m'avait répondu et m'avait donné de tes nouvelles. Cela m'avait fait du bien de parler avec quelqu'un qui s'occupe de toi.

Les services sociaux, justement ! J'ai envoyé un message la semaine dernière afin de savoir ce qu'il nous était possible de faire pour ton anniversaire. Nous n'avons toujours pas de réponse. Ils ne voudront pas te donner le dessin. Cela me rend triste.

Dessin pour ton anniversaire.

Partie I

De ton départ en avril jusqu'à notre dernière rencontre en juillet.

1/ Ton départ de la maison.

Nous avons dû nous séparer de toi, car les choses devenaient trop compliquées pour nous, mais aussi pour toi. Nous t'avons laissé sur un lit d'hôpital un dimanche après-midi **d'avril 2016**. Une image qui me hante encore aujourd'hui et me hantera pour le restant de mes jours. Comment en est-on arrivé là ? Pourquoi les services sociaux n'ont-ils pas entendu les appels au secours de nounou ? Il a fallu qu'ils soient au pied du mur pour chercher des solutions pour toi. Je ne voulais pas te laisser et j'étais loin d'imaginer que les événements prendraient une tournure aussi dramatique.

Or voilà, tu es parti. Aussi je pense à toi tout le temps, tu me manques énormément. Je travaille encore plus qu'avant pour occuper mon esprit, mais dès que je m'arrête tu reviens dans ma tête. Je me demande ce que tu fais, à quoi tu penses, si tu es en bonne santé. Je me souviens des moments passés ensemble, tes sourires, tes fous rires, ton humour, ta gentillesse, ta générosité. Et surtout je suis obsédé par une idée : te revoir. Dois-je attendre une autorisation des services sociaux ou prendre l'initiative et provoquer une rencontre ? Dans quel état d'esprit vais-je te retrouver ? Est-ce que tu avances ? Est-ce que tu trouves ta place ? Beaucoup de questions à ton sujet. Sans réponse.

Te laisser sur un lit d'hôpital… C'était la solution trouvée par les services sociaux pour que nous puissions gérer tes crises le week-end. Nous devions te conduire à l'hôpital ou une ambulance venait te chercher à la maison. Là-bas, pour te calmer, il arrivait que tu sois sédaté.

2/ Réunion avec les services sociaux.

Au mois de mai, à notre demande, nous avons eu un entretien au siège des services sociaux. Comment était-on passé de :

« Vous avez eu cet enfant petit et pendant longtemps, il est normal que vous gardiez un lien avec lui ».

À :

« Il faut une rupture totale avec lui, il doit tourner la page et se projeter vers autre chose ».

Aucune explication ne me convenait et ma tête était embrouillée. À la fin de la réunion nous avons rejoint notre véhicule. Tout cela me semblait irréel, impossible. Ma souffrance était si grande que mon cœur s'est serré violemment, j'ai cru qu'il allait exploser. Je ne pouvais plus respirer, plus parler, même pas pleurer. Ces personnes qui t'avaient fait entrer dans ma vie quand tu avais quatre mois venaient de me condamner à ne plus te revoir.

Le maintien du lien, cette politique exigeant que l'enfant garde le contact avec ses parents. Cette politique qui a été dévastatrice pour ton psychisme. Ils ont mis du temps à comprendre que ça te faisait énormément souffrir. Tu as été déscolarisé pendant huit ans. Personne n'était capable de te gérer, personne n'a su trouver de solution pour ton éducation scolaire. Pourtant je croyais que l'école était obligatoire de six à seize ans. Il n'y a pas de place pour les enfants différents dans nos écoles. Huit ans, où nous t'avons eu à la maison en quasi-permanence. Huit ans, à nous occuper de toi, à gérer tes crises de colère, avec une aide des services qui m'a semblé dérisoire. Huit années au cours desquelles nous t'avons vu grandir. Tes premiers sourires, tes premiers fous rires, tes premiers mots, tes premiers pas nous ont remplis de joie.

3/ Réunion avec le psychiatre et les services sociaux.

Au mois de juin, de nouveau à notre demande, nous avons eu une réunion à l'hôpital psychiatrique pour essayer de comprendre. Avant de nous y rendre, j'avais écrit une lettre au psychiatre. Je redoutais de ne pas être écouté, de ne pas être compris, que tout soit déjà décidé et qu'il n'y ait aucune place pour la réflexion. La lettre, l'a-t-il lue ? J'ai trouvé le personnage très suffisant, parfois même un peu méprisant. Il te connaît depuis un an seulement, nous te connaissons depuis neuf ans, mais il sait mieux que nous, ce qui peut être bon pour toi. Nous faisons simplement partie de ton histoire, point. Il n'y a plus rien à dire, plus rien à voir, plus rien à entendre et plus rien à ressentir, le vide, un vide abyssal. Ils nous ont proposé de te revoir une dernière fois pour te dire au revoir. Sachant qu'après, nous te reverrons dans trois ou quatre ans si tu le veux bien. Les gens des services sociaux pensent que je souhaiterais te voir de temps en temps pour manger une glace. Sont-ils sérieux ? Croient-ils vraiment que je me contenterais de ça ? Que tu comptes aussi peu pour moi. J'aimerais passer du temps avec toi comme avant. Peu importe ta situation administrative, seule ta situation affective m'intéresse. On pourrait pêcher la grenouille avec une canne à pêche et un bout de chiffon rouge pendant un, deux ou trois jours. Tu en profiterais pour patauger dans le marécage, tu remplirais tes bottes d'eau et tu finirais trempé jusqu'au slip. On pourrait partir à la mer pendant trois ou quatre jours. Je ferais un trou dans le sable, si profond, que tu y rentrerais en entier. Tu nagerais contre des vagues qui te retourneraient comme une crêpe te faisant avaler de l'eau salée que tu recracherais avec ton goûter complet, au milieu de baigneurs un peu écœurés. Tu nagerais jusqu'au plongeoir contre un courant qui te ramènerait vers la plage, mais que ta volonté et ton courage parviendraient à vaincre.

Lettre au psychiatre.

Le 7 juin 2016.

« Docteur,

Nous avons accueilli cet enfant à l'âge de 4 mois. Nous avons pris nos premières vacances sans lui un an après son arrivée chez nous et pour seulement trois jours. Nous étions déjà très attachés à lui. Puis il a grandi avec nous et nous l'avons régulièrement pris en vacances à la mer ou à la montagne, ne le laissant que très peu en famille d'accueil relais. Familles d'accueil relais qu'il a rejeté systématiquement. Il a été sorti du système scolaire dès la maternelle. Ce qui fait que nous l'avons eu jour et nuit pendant près de 8 ans.

Ce petit garçon a toujours été instable. Mon épouse, Sylvie, a demandé de l'aide aux services sociaux à plusieurs reprises. Les décisions prises, quand il y en a eu, ont été longues à se mettre en place. On nous a souvent expliqué qu'elles étaient prises pour son bien, sans tenir compte de notre avis. Nous, qui l'avons géré au quotidien et qui le connaissons mieux que quiconque. Puis de rebondissement en rebondissement, il a fini par entrer dans une école spécialisée et enfin à l'hôpital psychiatrique. Nous l'accueillions alors les fins de semaines et pour les vacances. L'enfant est devenu de plus en plus difficile à gérer et Sylvie avait du mal à le contrôler physiquement. Nous étions dans l'incapacité de savoir jusqu'où il était capable d'aller pendant ses crises de violence. Nous ne voulions pas mettre fin à l'accueil, mais souhaitions juste de l'aide pour être soulagés certains week-ends. Cela n'a jamais été fait et Sylvie a été poussée à bout. Si bien que nous avons dû l'abandonner, un dimanche en fin d'après-midi, sur un lit d'hôpital en pédiatrie.

Comment a-t-on pu en arriver là ?

Aujourd'hui, on nous dit qu'il faut une rupture avec l'enfant, qu'il doit se détacher de nous pour mieux « rebondir ». Admettons ! Comment penser que ce choix est le bon pour lui, vu que toutes les décisions prises jusqu'à présent n'ont pas forcément été les bonnes. Regardez dans quel état il est. Et surtout ne nous dites pas dans un, deux ou trois ans, que vous vous êtes trompé et que cette expérience servira pour d'autres enfants. Nous avons déjà donné, nous avons déjà entendu ce discours, merci ! Je pense que la réunion du 20 juin n'est qu'une réunion solennelle au cours de laquelle vous allez nous écouter, nous dire que vous comprenez mais que pour le bien de l'enfant, il est nécessaire de prendre telle ou telle disposition. Je crains que nous soyons écartés de sa vie. Je vous remercie, mais nous avons déjà eu droit à ce chapitre avec les services sociaux.

Pourquoi devrions-nous payer pour tout cela ? Pourquoi l'enfant devrait-il se passer des seules personnes avec lesquelles il a échangé de vrais sentiments d'amour ? Pourquoi devrait-il être séparé de sa seule famille ? Pourquoi ne pas élaborer un projet le concernant en nous associant à lui ? Pourquoi ne s'applique-t-on pas à trouver le juste milieu pour lui, sans passer par des ruptures, des abandons ou autres méthodes chocs ?

Comment pouvez-vous savoir s'il souffrira plus de nous voir que de ne pas nous voir ? Peut-être que tout simplement, pour vous, c'est plus facile qu'il ne nous voit pas. C'est juste une histoire de gestion dénuée de tout sentiment. Cet enfant fait partie de notre vie. Nous avons vécu ensemble des moments forts et inoubliables. Pour vous il représente quoi ? Un gamin parmi tant d'autres, que vous allez suivre jusqu'à l'âge adulte et après ??? Même les condamnés et les morts reçoivent la visite de leurs proches.

Pour ma part, je voudrais l'accompagner sous une forme que nous pourrions envisager ensemble, avec des visites régulières, des sorties, des accueils ou autres. Selon vous, nous étions son dernier rempart, le rempart a cédé. Pourrions-nous le reconstruire ensemble, avec des fondations plus solides ?

Pour TOI ».

Thierry C.

Dans un trou sur la plage à st Jean de Luz.

4/Réunion à l'hôpital psychiatrique pour te dire au revoir.

Nous nous sommes vus pour la dernière fois, il y a deux mois, à l'hôpital psychiatrique, c'était en juillet. Une rencontre organisée par les services sociaux pour te dire au revoir.

Comment te dire au revoir, alors que je n'ai qu'une envie, te prendre par la main et te dire :

« Viens, nous rentrons à la maison ».

J'ai joué le jeu, mais je suis perdu. Comment savoir si c'est la bonne méthode ? La rupture est si brutale. Ce sont des professionnels, ils savent ce qu'ils font. Enfin, je l'espère. Cette rencontre, je l'ai préparée longuement avec mes tripes : lettres, album photo, souvenirs et ton nom inscrit dans la neige à 2400 mètres d'altitude après plusieurs heures de marche. Je sais que tu n'aimes pas marcher. Pourtant une fois tu l'as fait, tu avais cinq ans, *Alexis était là. Il faisait froid, il y avait du brouillard, de la neige. Nous avons marché pendant deux heures. Vos chaussures étaient inadaptées et vos pieds trempés. Je t'ai porté sur mes épaules pour pouvoir aller plus haut. Nous étions fatigués et malgré tout, j'ai une photo prise au retour de la randonnée sur laquelle vous apparaissez rayonnant de bonheur.

Finalement la réunion s'est bien passée, nous avons pleuré bien sûr. La psychologue des services sociaux m'a dit en sortant :

« Vous avez su trouver les mots ».

Oui, c'est certain, mais à quel prix. Nous sommes montés en voiture pour repartir quand tu es apparu derrière la grille de l'hôpital. Tu nous as fait un au revoir de la main avec un grand sourire. C'est toujours mieux que le souvenir d'un enfant abandonné sur un lit d'hôpital. Mais était-ce un au revoir ou un appel au secours ? Ce sourire si généreux ne voulait-il pas dire :

« Regardez, je suis là, ne m'oubliez pas ».

La voiture a démarré, mon cœur s'est serré très fort, si fort. Je me suis effondré en pleurs.

*(Alexis un petit garçon que nous avons accueilli de l'âge de 6 ans à 11 ans. Tu avais 11 mois quand il est arrivé chez nous.)

Lettre pour TOI.

« Toi,

Tu es un petit garçon merveilleux. Tu resteras dans ma tête et surtout dans mon cœur pour toujours. Nous avons passé ensemble des moments que je n'oublierai jamais. Prends soin de toi. Accepte que les gens t'aident, accepte que les gens t'aiment. Ton sourire est ta force, utilise-le. Ta colère est ta faiblesse, chasse-la. Tu comptes énormément pour moi.

Puisque tu pars, essaie d'apprendre à revenir comme le font Steffie, Leslie et Rémi, mais pas trop tard. Aujourd'hui, nous ne sommes plus ta famille d'accueil. Mais pour moi, tu es bien plus qu'un enfant qu'on accueille. Tu es mon petit garçon, mon petit frère, mon copain et mon Pinocchio. Je pense à toi tous les jours. Et même si tu n'aimes pas marcher, tu es toujours avec moi lors de mes randonnées. Je t'ai adopté dans mon cœur. Je t'aime ».

Thierry.

« Pour qu'un enfant grandisse il faut tout un village. »

Proverbe africain.

§

« Un long et beau voyage avec toi. Un voyage qui a duré neuf ans au cours duquel je me suis senti vivant. Des moments difficiles certes, comme dans toute aventure. Mais un bonheur infini d'être ensemble. »

Thierry.

Des mots inscrits sur le livre que je t'ai donné. Livre que m'avaient offert mes enfants.

« VIVRE POUR SE SENTIR VIVANT » d'Albert BOSCH.

16 septembre 2016.

Hier soir, en rentrant du travail, je me suis assis sur les marches de l'escalier menant à la maison. J'ai regardé le ciel et j'ai contemplé les étoiles. Ces derniers temps je fais souvent cela. Je pense à toi et je t'imagine faisant la même chose. Ainsi nos esprits se rejoindraient au milieu d'un magnifique ciel étoilé. Mais ce soir, la lune est trop lumineuse et empêche les étoiles de briller. Il fait aussi plus frais que les autres soirs. Je ne m'attarde pas trop et rentre à la maison.

18 septembre 2016.
Souvenirs.

Ce matin, je me rends chez mes parents. Dans la voiture, je fredonne, « Ne me quitte pas » de Jacques BREL. Je me souviens qu'un après-midi, après avoir passé des heures dans les magasins de jouets de la ville, sur le chemin du retour, je me suis mis à chanter cette chanson. À la fin, tu m'as dit :

« Elle est belle cette chanson ».

Je t'ai proposé de la rechanter. Tu m'as répondu oui. Arrivé à la maison tu avais l'air très triste. Nous t'avons demandé si tu allais bien et tu as fondu en larmes, en affirmant que la chanson t'avait fait penser à notre chat, Bandit, mort en début d'année. Tu exprimais rarement tes émotions de la sorte. La plupart du temps, tu les gardais en toi et la colère finissait toujours par prendre le dessus. D'autres titres me viennent à l'esprit quand je pense à toi comme « Puisque tu pars » de JJ Goldman ou encore « Qui a le droit » de P Bruel.

Ne me quitte pas.
Moi, je t'offrirai un cœur, mon trésor,
Que j'arracherai du fond de mon corps.
Je creuserai la terre
Jusqu'à ce que mes doigts saignent,
Pour trouver de l'or et racheter nos peines.
J'inventerai un domaine où tu seras bien,
Où tu seras mien,
Où nous serons ensemble.
Ne me quitte pas.
Ne me quitte pas.

Ne me quitte pas.
Il est arrivé
Qu'au fond d'un roncier,
Apparaisse une fleur
Portant la lueur.
Et qu'après un soir
Renaisse l'espoir,
Brisant cet adieu
Qui nous rend malheureux.
Ne me quitte pas.
Ne me quitte pas.

Thierry C.
(Texte inspiré d'une chanson de Jacques BREL.)

L'espoir. (Huile sur toile).
Thierry C.

Le mal veut envahir le monde, mais jamais sa ronde macabre ne pourra anéantir l'espoir. Telle la fleur sortant du roncier, tel l'arbre renaissant de ses cendres, la femme et l'enfant s'envolent vers la vie.

19 septembre 2016.

J'arrive à la maison, les services sociaux ont enfin répondu à notre sollicitation concernant ton anniversaire. Hélas pas de surprise, nous pouvons t'écrire une carte, mais nous devons la garder pour te la donner plus tard, lorsque nous te reverrons. Mais quand ? Personne ne dit le temps qu'il faudra.

On nous invite également à ne plus appeler l'hôpital psychiatrique. Pourtant, lors de notre dernière rencontre, la cadre de santé avait bien dit que nous pourrions appeler pour avoir de tes nouvelles. Elle est revenue sur sa décision. Ça leur coûte quoi de parler de toi au téléphone pendant cinq minutes, une fois tous les quinze jours ? J'ai le sentiment de n'être plus rien pour toi, surtout quand on me fait comprendre que tu n'étais pas à ma charge. Pourtant dans famille d'accueil, il y a bien le mot famille. Pourtant ils ont su me demander de m'occuper de toi pour soulager nounou. Pourtant je t'ai changé, donné le bibi, bercé le soir pour t'endormir et chanté des comptines pour te calmer. Je les ai toutes réapprises pour toi, ces chansonnettes oubliées car mes enfants avaient grandi : de « A*u clair de la lune* » à « M*eunier tu dors* » en passant par « À *la claire fontaine* ».

Une nuit je suis rentré du travail vers deux heures du matin. Tu n'étais encore qu'un bébé. Tu as dû m'entendre, tu t'es réveillé et tu as commencé à pleurer. Il s'en est suivi une crise qui a duré jusqu'à trois heures du matin. J'étais fatigué, cependant je t'ai pris dans mes bras et bercé pour que tu retrouves le calme.

21 septembre 2016.

Tu es toujours présent à mes côtés et même si je voulais m'éloigner, un événement est toujours là pour te faire revenir. Nous avons dû présenter deux jeunes majeurs au tribunal de la ville, parce qu'ils avaient commis des actes délictueux. Tous les deux avaient eu un parcours difficile et avaient été scolarisés dans la même école spécialisée où tu te trouves actuellement. Cela m'angoisse et me questionne sur ton devenir, car ce ne sont pas les seules personnes au parcours d'enfance chaotique que je vois finir devant les tribunaux ou dans la rue. Je voudrais tellement te protéger de ça, mais comment ? En te donnant de l'affection ? Cela m'est refusé.

Parfois je vois ta maman en ville quand je travaille ou encore Alexis. Et puis il y a ces enfants à la maison, trois et cinq ans. Ils sont là quand je me lève le matin, ils sont là quand je rentre du travail le soir. Cependant, aucun d'eux ne court dans le couloir pour se jeter dans mes bras lorsque que je franchis la porte de la maison. Tu faisais ça très souvent et c'était un vrai bonheur. Il faut dire que je ne leur fais pas de bisous, pas de câlins. Je ne joue jamais avec eux, ne les prends pas par la main. Je n'y arrive pas. Ce sont des étrangers pour moi. C'est triste, ils n'y sont pour rien, mais chaque fois que je les vois ils me rappellent ton absence. C'est si dur de vivre sans toi.

Protéger l'enfant. (Huile sur toile).
Thierry C.

23 septembre 2016.

Ton empreinte dans le ciment.

Ce matin, je réalise des travaux à la maison. Fatigué, je m'assois sur le seuil de l'entrée donnant sur la terrasse. À côté de moi, ta main gravée dans le ciment immortalise ton passage parmi nous, figée dans le béton tel le visage de ce petit garçon sculpté dans mon cerveau. La tête penchée sur mes genoux, prise entre mes deux poings, je me demande à quel moment je pourrai à nouveau te prendre par la main.

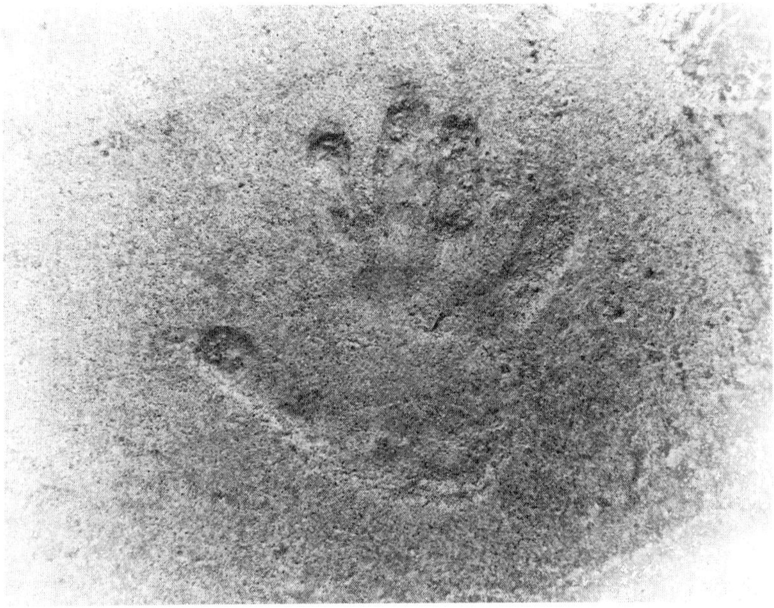

Partie II

De ton arrivée chez nous à ton départ en avril 2016.

Tu es né le 12 septembre 2006, un mois après le décès de Victor, mon ami, mon frère. Mon enfant, mon frère, aucun lien de parenté et pourtant autant d'amour que pour les miens. Tu as fait ton apparition chez nous le 14 janvier 2007, à l'âge de quatre mois, un très beau bébé au regard sublime. Il ne nous a pas fallu longtemps pour nous attacher à toi, tu étais si craquant. Dès le premier été nous t'avons amené à la mer chez tati Pat. Tu adores la plage. Chaque année nous passons un séjour au bord de l'eau. Cette année, le cœur n'y est pas, pas sans toi. Aussi j'ai préféré les sommets des Pyrénées pour y déposer un sac trop lourd pour mes épaules. Mais la montagne ne doit pas être assez haute, car le fardeau me pèse toujours autant.

Nous étions tellement attachés que nous ne voulions pas partir en vacances sans toi. La première fois, tu avais dix-huit mois et nous ne sommes partis que trois jours. Tu nous as beaucoup manqué. Nous avions peur que ça ne se passe pas bien, qu'il t'arrive quelque chose. À notre retour nous avons vécu un moment extraordinaire. Ancrée dans ma mémoire, je revois cette scène dans ses moindres détails. Tu te promenais sur la route avec Madame Deschamp. Nous sommes arrivés en voiture et lorsque tu nous as reconnus, tu t'es mis à courir vers nous en poussant des cris de joie. Tu faisais des gestes désordonnés, car tu n'étais pas encore très agile dans tes déplacements. Tu étais très excité. Nous sommes descendus du véhicule et t'avons pris dans nos bras. Je t'ai porté, nous avons fait un énorme câlin. J'étais tellement heureux de te revoir. J'ai éprouvé une émotion aussi forte que celle ressentie quand j'ai vu mes enfants pour la première fois.

Ce jour-là, tu es né dans mon cœur.

Avril 2007 ton premier jour à la plage chez tati Pat.

29 septembre 2016.

Aujourd'hui, Sloan a un an. Nous avons reçu des photos de lui, il a grandi depuis son départ au mois de février.

Nous l'avions recueilli à la sortie de la maternité, il avait seulement quelques jours. Il n'avait pas de parents. Un enfant adoptable comme tu aurais aimé l'être. Mais pour toi c'est impossible, car tu as une maman et un papa. Un événement difficile à comprendre pour toi et qui n'a fait qu'accroître ton mal-être. Une fois, tu m'as demandé de t'adopter. Je t'ai répondu que c'était déjà fait, que je t'avais adopté dans mon cœur. Je pense que tu as bien compris le sens de ma réponse. Un jour, où tu étais en colère, j'ai voulu discuter avec toi afin de te calmer. Pour me faire du mal tu m'as répondu :

« C'est tant pis pour toi, tu n'avais qu'à pas m'adopter ».

Sur le moment cette réponse ne m'a pas fait de peine, bien au contraire. Elle était un symbole du lien affectif qui nous unissait. C'est aujourd'hui qu'elle me trouble.

Toute ta petite enfance tu l'as passée avec nous. On pourrait dire, uniquement avec nous. Tu as fait tomber une à une toutes les structures qui pouvaient t'éloigner de nous : école, famille d'accueil relais… Huit ans à nos côtés jour et nuit, huit années au cours desquelles la passion et les émotions nous ont portés, jusqu'à ce qu'elles finissent par nous emporter. Un amour fusionnel entre toi et nounou, un amour fusionnel entre toi et moi, puis un amour conflictuel entre toi et nounou. Un rejet de cet amour, la peur d'être aimé. Aimé d'un amour que n'a pas su te donner ta maman.

Et dans tout ça, les services sociaux ? Ils ont trouvé le moyen au cours de cette même période où nous avions Sloan, de nous confier une petite fille de trois ans. Elle a hurlé toutes les nuits pendant les premiers quinze jours, puis elle est repartie chez sa maman un mois après. Nous laissant dans un état proche du chaos.

Nuit du 29 au 30 septembre 2016.

Pour la première fois depuis ton départ, j'ai fait un rêve dans lequel tu es présent, plutôt un cauchemar. Tu prépares des affaires pour nous quitter, un livre et quelques jouets placés dans un vieux carton. Autrement dit pas grand-chose. Quant à moi, je suis prostré dans un coin de la maison. Je suis assis, le haut de mon corps se balance d'arrière en avant, tel un autiste. Je répète en pleurant :

« Je ne veux pas qu'il parte ».

3 octobre 2016.

Je rentre du travail. La nuit est remplie d'étoiles. Je les observe un instant, quand une étoile filante traverse le ciel. Je fais le vœu de te revoir très bientôt.

4 octobre 2016.

Je rentre du travail, le ciel est étoilé. J'attends l'apparition d'une étoile filante. Je fais à nouveau le vœu de te revoir très rapidement.

Nuit du 7 au 8 octobre 2016.

J'ai fait un cauchemar. Dans celui-ci tu es plus jeune, mais la thématique est la même. Tu dois partir et je suis bouleversé.

Souvenir.

En juin 2011, Sylvie a fait une chute et s'est cassé la jambe. Les services sociaux voulaient trouver une famille d'accueil d'urgence pour s'occuper de toi pendant son rétablissement. Nous n'avons pas voulu. Nous en avons parlé en famille et avons pris la décision de continuer à prendre soin de toi. Steffie s'est beaucoup investie pour que cela soit possible. Ce jour-là, j'ai eu très peur que cet événement t'éloigne de nous. Tu allais avoir six ans.

8 octobre 2016.

Pour la énième fois, alors que je suis en service, je passe devant le restaurant où travaille le papa de Sloan. Je pense à lui et inévitablement, je pense à toi.

De temps en temps, tu appelais nounou maman et moi papa. Nous t'avons bien expliqué que nous n'étions pas tes parents et tu l'as parfaitement compris. Toutefois en grandissant, il t'arrivait de recommencer pour voir notre réaction. Aussi quand tu m'appelles papa, nous savons tous les deux que ce n'est pas la réalité. Mais tu me fixes avec tellement de tendresse dans le regard, que je suis ému et fier d'avoir à mes côtés un petit garçon comme toi.

13 octobre 2016.

Les enfants que nous gardons quittent la maison. Sylvie a pris la décision de ne plus faire famille d'accueil. C'est trop compliqué, trop difficile mentalement et physiquement. Je suis soulagé par cette décision. Comment continuer après toi ? Comment continuer sans toi ?

19 octobre 2016.

Sylvie me raconte qu'elle a vu les gens des services sociaux. Aujourd'hui, ils admettent avoir fait des erreurs nous concernant, te concernant. Ils reconnaissent qu'ils auraient dû être davantage à l'écoute, mettre des structures en place plus tôt. Malheureusement, ils ont tiré sur la corde si fort, qu'elle a fini par céder. Maintenant nous payons ces erreurs. Je les paye par une douleur incommensurable qui envahit tout mon être.

21 octobre 2016.

Je me rends au tribunal avec un jeune majeur ayant commis des vols. Lors de l'audience, son parcours est évoqué. Un bébé placé dans une famille d'accueil car sa maman a des problèmes psychologiques et son papa est en prison. Multirécidiviste, il est aujourd'hui à la rue. Une sale journée pour moi. Le vide qui t'entoure me dévore de l'intérieur et ma tête va finir par éclater.

24 octobre 2016.

Je passe à l'endroit où tu m'as aidé à capturer une bécasse. Te souviens-tu ? Nous étions partis pour chercher un trésor. Nous avons trouvé l'emplacement, mais sous les cailloux il n'y avait que quelques morceaux de ferrailles. Alors nous avons fait demi-tour. Après quelques mètres de marche, je me suis retourné, tu n'étais plus là. Je t'ai retrouvé perché sur un arbre qui avait été arraché par la tempête. Celui-ci formait un pont au-dessus d'un pré à une bonne hauteur. Et bien sûr, tu avais trouvé très amusant de grimper dessus. Sauf que j'ai dû te rejoindre pour t'aider à redescendre.

Nous étions à environ trois quarts d'heure de marche de la voiture quand la pluie s'est mise à tomber fortement. Nous sommes rentrés trempés. Quelle journée ! Et surtout quel souvenir !

La route.

Des millions d'enfants souffrent à travers le monde. Ils meurent de faim, sous les bombes, sont emportés par des maladies. Dans notre pays, des milliers d'enfants se retrouvent dans une situation comme la tienne. Placés en famille d'accueil, en foyers, parce que leurs parents ne sont pas à la hauteur. Nous ne pouvons rien y faire, c'est comme ça !

Mais toi, tu t'es trouvé sur ma route. Nous avons fait un bout de chemin ensemble, puis tu as pris une autre voie. Maintenant, je prie chaque jour pour que tu t'en sortes. J'aimerais tant pouvoir t'aider à grandir. J'aimerais tant te retrouver sur la route.

La route. (Huile sur toile).
Thierry C.

De la naissance à la mort, il y a le chemin.
Ce chemin où nous nous sommes rencontrés.
Ce chemin où ensemble nous avons marché.
Ce chemin où nous avons été séparés.

Jusqu'à la porte, la route est encore longue.
Ne perdons pas espoir.
L'espoir d'être à nouveau sur le même chemin.

Pour répondre à ta question.
Derrière la porte il y a un autre chemin.
Sur lequel un jour nous serons tous réunis à jamais.

Le piège.

Si on t'avait enlevé à nous sans que nous ayons notre mot à dire, je remuerais terre et ciel pour te revoir. Mais voilà, la situation est si complexe que je me retrouve dans un piège duquel je ne sais comment m'extraire. As-tu besoin de nous ou vaut-il mieux que nous te laissions tranquille ?

L'abattement. (Huile sur toile).
Thierry C.

24 octobre 2016.

Il est 19 h 00, je descends dans la chambre. Les cartons et les boites sont là avec tes affaires à l'intérieur. Nounou les a préparées pour te les amener au foyer. Demain certainement, un jour où tu ne seras pas présent pour que tu ne puisses pas la voir. J'aurais préféré te les apporter moi-même et faire un tri ensemble. Mais les services sociaux ne veulent pas.

J'ouvre une boite, elle contient des pièces de mécano en métal et en plastique. Parmi elles, subsistent des restes de robots, nous les avions fabriqués tous les deux. L'un d'entre eux est encore entier, probablement le dernier que nous avions monté. Je le prends dans les mains, il a l'air si fragile. Je le regarde et je te vois. Je te tiens entre mes mains et je voudrais te serrer très fort contre moi. Mais tu es si fragile, j'ai peur de te faire du mal. Je te regarde et je m'effondre. Je me demande à quel moment ces larmes de douleur se transformeront en larmes de bonheur.

Te souviens-tu du robot que j'avais construit avec le mécano en métal ? Il était complet, avec un mécanisme le faisant tourner sur lui-même. Une journée, j'ai mis une journée pour le monter. Et toi le lendemain, tu as mis un quart d'heure pour le démonter. J'ai glissé un mot dans le petit robot, tu le trouveras peut-être.

Sylvie a retrouvé le pantin de bois que tu aurais aimé récupérer la dernière fois que nous nous sommes vus, en juillet. Pourquoi tiens-tu plus particulièrement à celui-là ? C'est peut-être celui qui ressemble le plus à un Pinocchio.

Je te l'ai dédicacé « ton Tinou pour Toi » écrit dans le dos.

Dessin du pantin de bois.

Photo du robot.

Partie III

Un contact pour Noël ?

25 octobre 2016.

Je descends dans ta chambre, elle est vide. Sylvie a amené tes affaires au foyer pour que tu puisses les avoir avec toi. J'ai le sentiment que tu nous quittes pour la deuxième fois, que tu t'éloignes encore davantage. Je scrute la pièce à la recherche d'un objet t'appartenant. Un objet qu'elle aurait oublié. Un rien, me donnant l'illusion que tu fais toujours partie de cette maison. L'atmosphère est pesante. La chambre se remplit d'une immense confusion, d'un brouillard épais s'échappant de mon cerveau, de pensées confuses. Es-tu encore là ? Vas-tu revenir ? Peut-on toujours l'appeler ta chambre ?

L'éducateur du foyer lui a dit que tu allais bien, que tu ne faisais pas de crise. Il accepte d'accrocher au mur de ta chambre le dessin pour tes dix ans, celui avec les chapeaux. Cela me fait plaisir, car je partage enfin quelque chose avec toi. C'est peu, mais c'est important pour moi. Si tu t'adaptes rapidement à ta nouvelle vie, peut-être qu'ils nous laisseront te revoir prochainement. Un espoir qui j'espère ne sera pas écrasé par le rouleau compresseur de l'administration.

26 octobre 2016.

Je remonte le boulevard en voiture, lorsqu'un rayon de soleil fait son apparition sur le trottoir : Sloan ! Mon collègue fait demi-tour afin que je puisse aller à sa rencontre. Neuf mois se sont écoulés depuis son départ, il en a treize aujourd'hui. Il a grandi, mais il n'a pas beaucoup changé, il est toujours aussi beau. Je m'accroupis pour lui parler. Il me sourit. Reconnaît-il le son de ma voix ? Son papa le sort de la poussette et le tourne vers moi. Sloan me tend les bras. Je me saisis de lui et je le tiens contre moi. Il me regarde dans les yeux, me sourit encore, puis il pose sa tête sur mon épaule. Reconnaît-il mon odeur ? Après un moment, je le redonne à son papa qui le remet dans la poussette. Je discute quelques minutes avec ses parents, mais il faut que je parte. Nous ne cessons pas de bavarder, cependant il faut vraiment mettre fin à cette conversation. Pourtant nous restons là, difficile de se décider.

Le temps semble s'être arrêté. Il est figé dans un moment de bonheur que seul un enfant peut nous transmettre. Un trait de lumière dans un ciel rempli de nuages sombres. Une lueur d'espoir dans une âme noircie par le désespoir.

Nuit du 27 au 28 octobre 2016.
Troisième cauchemar.

Après plusieurs crimes et délits à mon actif, je suis condamné à mort. Pour me rendre sur le lieu de mon exécution, je traverse le couloir d'une maison dont le sol est rempli de jouets. Je me mets à genoux pour faire un tri et récupérer quelques-uns d'entre eux. Je veux te les remettre en souvenir de moi. Puis je m'aperçois que je suis seul. J'en profite pour prendre la fuite et me réfugier sur les cimes d'une forêt dense composée de sapins.

Mes enfants et toi savez où je me trouve et m'amenez de la nourriture. Une nourriture de l'esprit, car il s'agit en fait de livres. D'ailleurs vous êtes surpris par la police dans une bibliothèque en train de voler des volumes. Après une longue cavale, je finis par être repris. Je me retrouve dans une sorte de fosse. En attendant ma peine, je tente désespérément de réparer des jouets t'appartenant. Puis je me réveille brusquement.

6 novembre 2016.

Texte I : TOI CET ENFANT.

Toi, cet enfant dont le regard vous attire comme un aimant.
Toi, cet enfant dont le sourire vous captive et vous lie.
Toi, cet enfant au cœur gros et sensible.
Toi, cet enfant généreux et courageux.
Toi, cet enfant capable de rire aux éclats.

Toi, cet enfant pris dans la tempête.
Toi, cet enfant coupé du monde pendant neuf ans.
Toi, cet enfant coupé des seules personnes qui l'aiment.
Toi, cet enfant qui disait souvent « on fait ça en famille ».
Toi, cet enfant qui se retrouve sans famille.

Toi, cet enfant avec lequel nous avons partagé le pire comme le meilleur.
Toi, cet enfant qui envahit l'espace quand il est là.
Toi, cet enfant qui crée un vide abyssal quand il n'est plus là.
Toi, cet enfant qui nous a beaucoup apporté.
Toi, cet enfant qui nous a emportés.

Toi, cet enfant qui court dans le couloir et saute dans mes bras quand je rentre du travail le soir.
Toi, cet enfant qui s'endort dans notre lit et que je porte dans sa chambre lorsque je vais me coucher.
Toi, cet enfant avec lequel je joue, tous les jours, à la bagarre sur le parquet du salon.
Toi, cet enfant avec lequel je partage les joies de l'océan.
Toi, cet enfant qui parfois m'appelle papa en me regardant tendrement.

Toi, cet enfant dont le souvenir défile dans ma tête tel un disque rayé.
Toi, cet enfant dont je ne digère pas le départ.
Toi, cet enfant qui me manque de plus en plus chaque jour.
Toi, cet enfant avec lequel j'ai toujours besoin de partager.
Toi, cet enfant que j'aime comme un fils.

Toi, Toi, Toi...
Toi, à l'infini...

TINOU.

17 novembre 2016.

J'ai décidé d'envoyer ce texte aux différents services qui s'occupent de toi : services sociaux, hôpital psychiatrique et foyer. J'y ai joint mon numéro de téléphone portable en espérant que quelqu'un, touché par ces quelques mots, me contactera.

Emportés vers un vide abyssal. (Huile sur toile)
Thierry C.

18 novembre 2016.

Depuis quelques jours, les chaînes de télévision diffusent des publicités sur les jouets. Les boites aux lettres se remplissent de catalogues et de prospectus pour Noël. Je ne sais pas si nous allons nous voir pour cette occasion. Cela fera sept mois que tu es parti. Faudra-t-il attendre encore ?

Avec Sylvie, nous sommes allés dans un magasin pour trouver un cadeau. Nous avons acheté un pistolet avec dix-huit fléchettes. Quand tu étais à la maison, nounou ne voulait jamais t'acheter ce genre de jeu. Là, elle n'a rien dit. Je pense que ce jouet te fera plaisir. En rentrant à la maison, elle a été sur internet pour commander une peluche de Salamèche. Moi, j'ai commandé une affiche de Pinocchio.

J'aimerais tant t'apporter ces cadeaux, afin de revoir tes yeux briller quand tu enlèveras le papier qui les recouvre. Ce serait pour moi le plus beau des cadeaux de Noël. Mais hélas, je ne sais même pas si tu pourras recevoir un présent venant de nous.

En fin d'après-midi, ton psychiatre m'a appelé. Il a reçu et lu le texte (Toi, cet enfant). Il me dit avoir été touché par ce que j'ai écrit. Cependant, il ne peut pas me dire si je te verrai pour Noël. C'est peut-être encore trop tôt. Ils vont en parler en réunion. En fait, je pense qu'il m'a surtout téléphoné par conscience professionnelle pour me dire d'aller voir un psy.

22 novembre 2016.

J'ai envoyé un mail aux services sociaux pour savoir comment nous pourrions procéder pour Noël :
« Monsieur, nous avons acheté des cadeaux de noël pour Toi et nous souhaiterions les lui apporter. Nous voudrions aussi passer les fêtes de noël avec lui, à l'endroit où il se trouvera. Cordialement. »
Thierry C.

Réponse :

« Je comprends votre demande et j'ai pris connaissance de la lettre déposée qui fait état de votre tristesse.

Pour l'instant, la position du service reste identique dans le fait que nous suivons l'avis médical de ne pas vous mettre en lien avec l'enfant. Celui-ci a trouvé une nouvelle dynamique dans son nouveau lieu d'accueil et dans les différents lieux fréquentés : soins, vacances.

Je ne manquerai pas de rapporter votre demande au docteur en psychiatrie. Cordialement. »

30 novembre 2016.

Je décide d'envoyer un nouveau mail aux services sociaux :

« Monsieur, je ne comprends pas que vous ne soyez pas en capacité de trouver une solution pour que l'on puisse avoir un contact avec cet enfant. Peut-être que tout ceci est trop compliqué et que vos services ne désirent pas s'investir dans ce sens.

Nous avons le sentiment que vous nous avez pressés comme des citrons, vidés de notre jus et que maintenant vous nous jetez comme de vieilles chaussettes.

Lors de notre visite à l'hôpital pour lui dire au revoir, j'ai démontré que j'étais capable de lui parler et de lui expliquer les choses. La psychologue des services sociaux et le psychiatre de l'hôpital étaient présents et peuvent en témoigner.

La semaine dernière, j'ai amené une mineure au tribunal pour enfant. Elle avait agressé un éducateur du CDE. Elle ne supporte pas la frustration et entre régulièrement en crise. C'est une jeune qui a été suivie par le docteur de l'hôpital psychiatrique. Dans l'exercice de mon travail, j'ai régulièrement affaire à des mineurs placés.

Alors, je veux bien croire que l'option choisie de ne plus nous voir soit une bonne option. Mais s'agit-il là de la seule option ? Je n'en suis pas certain. La seule certitude que l'on puisse avoir est que s'il devait il y avoir rupture, elle aurait dû intervenir il y a bien longtemps quand il était bébé.

Aujourd'hui la situation a changé dans la mesure où Sylvie n'accueillera plus d'enfant. Elle est épuisée. Lors de notre visite à l'hôpital, l'enfant avait très mal pris le fait que Sylvie n'arrête pas son activité comme famille d'accueil. Maintenant c'est le cas et c'est important pour lui, car nous pourrions démarrer une relation différente.

Les jouets sont à la maison : 1 pistolet avec 18 cartouches, une peluche de Salamèche et un poster de Pinocchio. Ce sont des jouets pour un enfant de son âge, donc nous n'avons pas l'intention de les lui donner plus tard. D'ailleurs ça veut dire quoi plus tard ?

Demain nous serons le 1er décembre, Noël approche et je tiens sincèrement à vous laisser la main pour une rencontre avec lui. Bien cordialement. »

Thierry C.

« Si vous aviez vu le comportement de cet enfant avec moi, lors des derniers mois passés chez nous (y compris le jour des au revoir), vous comprendriez qu'il compte beaucoup sur moi et que je n'ai pas envie de le laisser tomber. »

6 décembre 2016.

J'ai téléphoné au responsable du foyer où tu passes tes fins de semaine. J'ai enfin des nouvelles. Il me dit que tu es content d'avoir retrouvé une partie de tes jouets. Ils t'ont donné une pièce pour que tu puisses t'amuser avec. Ils t'ont montré le dessin que j'avais fait pour ton anniversaire, mais tu n'as pas voulu l'accrocher au mur de ta chambre. C'est peut-être trop dur pour toi.

Sinon, le discours reste le même et nous renvoie à ton psychiatre : tu n'es pas prêt à nous revoir ; tu dois te détacher de nous ; on fait partie de ton histoire ; on a beaucoup fait pour toi ...

J'ai enfin pu discuter, je n'ai pas été rejeté comme souvent. Je pourrai rappeler, je l'espère !

Je rentre du travail tard dans la soirée. En arrivant à la maison, je suis accueilli par une étoile filante qui traverse le ciel d'ouest en est.

Dans la nuit, j'ai fait un rêve dans lequel tu étais présent. Ces derniers temps, les rêves où tu es présent reviennent assez souvent. Ce ne sont plus des cauchemars. Nous discutons ensemble calmement. Autour de nous tout semble s'être apaisé. J'aimerais qu'il en soit ainsi, que nous puissions vivre tous les deux dans un univers posé : au bord d'un lac de montagne aux eaux limpides où se reflète une lune pleine lors d'une chaude nuit d'été ; au sommet d'une montagne dominant une mer de nuages derrière laquelle un soleil orangé disparaît lentement ; sur la plage face à un océan sans vague, mais avec une brise légère qui porte jusqu'à nous un air iodé ; sur des pentes enneigées, où la blancheur de la poudreuse s'étend à perte de vue ; au milieu d'une prairie, où un vent de juin anime les hautes herbes qui dévalent sur nous par vagues successives.

7 décembre 2016.

Toujours pas de réponse des services sociaux concernant les jouets, j'envoie donc un nouveau mail :

« Monsieur, avez-vous pris contact avec le Dr Psychiatre, car nous sommes à moins de 20 jours de Noël. Le mieux pour nous serait de remettre les jouets à l'enfant afin de voir ses yeux briller quand il ouvrira les cadeaux, comme ce fut le cas ces dernières années. Sinon au pire, vous les lui donnez sans dire qu'ils viennent de nous.
Cordialement. »
Thierry C.

10 décembre 2016.

Je n'ai pas été très satisfait du premier contact que j'ai eu avec le responsable du foyer, aussi afin de repartir sur des bases meilleures, je lui ai écrit une lettre dont voici le contenu :

« Monsieur, votre réflexion sur mon professionnalisme m'a laissé sans voix. D'une part, à aucun moment je n'ai été formé pour accueillir des enfants et à aucun moment je n'ai été préparé à une situation telle que celle vécue actuellement avec cet enfant, mon épouse non plus d'ailleurs. D'autre part, que ce soit les services sociaux ou à l'hôpital psychiatrique, on m'a bien fait comprendre que ce n'était pas moi qui étais en charge de lui. Donc, je n'ai aucune relation professionnelle avec cet enfant. Simplement une relation affective et éducative, ayant agi avec lui comme avec mes propres enfants.

C'est pour cela que je vous ai demandé si vous étiez père. Pour que vous compreniez l'amour que je peux avoir pour lui. Malheureusement, vous avez mal pris mes propos et j'en suis désolé.

Par contre, j'apprécie énormément le fait que je puisse vous appeler pour avoir des nouvelles de lui, c'est pour cela que je vous ai contacté. Hélas, la conversation a quelque peu dévié.

Ce qui m'intéresse : c'est de savoir s'il va bien ; s'il y a une évolution par rapport à son traitement ; s'il apprend à lire et à écrire ; s'il n'est pas trop triste et s'il lui arrive de rire. Vous n'êtes peut-être pas complètement renseigné sur son histoire. Sur ce qu'il a vécu lors de ses dix premières années. Nous aurons peut-être un jour l'occasion d'en parler.

Voilà, je vous écris aujourd'hui pour que les choses soient plus claires et que lors de notre prochain entretien nous puissions parler de lui.

Merci pour tout ce que vous faites pour lui. Cordialement. »

Thierry C.

P.S. « si nous avons beaucoup fait pour cet enfant, il a aussi beaucoup fait pour nous. »

13 décembre 2016.

Aucune nouvelle des services sociaux, je réitère ma demande par mail :

« Bonjour, je reviens vers vous pour savoir si vous avez pris contact avec le Docteur Psychiatre concernant les jouets.

Je ne sais pas si vous avez répondu sur ma messagerie personnelle, car elle est en panne. Si vous avez une réponse faites le moi savoir via cette messagerie ou par téléphone au 06… Merci, Cordialement. »

Thierry C.

Réponse des services sociaux, enfin :

« Monsieur, profitant d'un temps de réunion avec du personnel de l'hôpital Psychiatrique aujourd'hui, j'ai abordé la question. Du côté du soin, la position est inchangée. Ils considèrent que l'enfant est en train de bien investir son nouveau lieu de vie. Il ne serait pas cohérent pour lui de lui rappeler la situation antérieure. Je sais que cette position vous est douloureuse, mais je choisis de l'affirmer à l'heure actuelle.

Cordialement. »

Autant dire que les services sociaux ne répondent pas du tout à ma question concernant les jouets. Ils affirment ce que je savais déjà : aucun lien avec l'enfant. Donc pas de surprise pour ces fêtes de fin d'année. Elles seront bien tristes pour moi.

20 décembre 2016.

Je rentre dans le magasin, ta maman est là, à l'accueil. Elle prend du papier cadeau pour emballer des objets, des jouets peut-être. Pour toi ?

Elle est là devant moi, l'origine de nos peines. Je voudrais lui dire qu'on ne peut pas faire ça à un enfant. Mais je pense qu'elle a souffert cette dame, et souffre certainement encore.

Elle a aussi été placée en famille d'accueil quand elle était petite, comme toi. Et puis, on ne se serait pas rencontré. On ne nous l'aurait pas confié ce diamant tombé d'un coffret, cet enfant unique et si précieux. Et s'il fallait tout recommencer depuis le début, tu serais là. Et si on m'en donne l'occasion plus tard, tu seras là.

21 décembre 2016.

Je descends le boulevard en voiture. Ta maman attend à l'arrêt de bus.

22 décembre 2016.

La semaine dernière, nounou a téléphoné au foyer pour leur demander s'ils accepteraient de te donner les cadeaux pour Noël. Ils ont répondu favorablement. Nous passons outre la décision des services sociaux. Ou plutôt la non-décision, puisqu'ils ne nous répondent pas clairement.

Ce matin avec Sylvie nous avons rendez-vous à dix heures avec un éducateur. Nous sommes bien reçus. Ils mettront les jouets sous le sapin, tu les auras en fin de semaine prochaine quand tu retourneras au foyer. Par contre, ils ne diront certainement pas qu'ils viennent de nous. Nous te les offrons avec un immense plaisir et j'espère que tu prendras plaisir à les recevoir. D'après l'éducateur nous avons fait le bon choix, c'est normal nous te connaissons si bien. Puis il nous donne de tes nouvelles. Tu passes plus de temps à l'école spécialisée pour ta scolarité. C'est une bonne chose, c'est très important pour toi. À leur demande le psychiatre a changé ton traitement, le précédent ne te convenait pas. Maintenant tu vas mieux, tu es plus stable sur l'ensemble d'une journée. Il semblerait que le docteur soit plus à leur écoute qu'à celle de nounou, car elle a dû se battre à plusieurs reprises pour être entendue au sujet de tes traitements médicaux. L'éducateur nous explique que malgré tes crises, les autres enfants du foyer et les adultes qui s'occupent de toi t'aiment bien. Il nous dit que tu es attachant. Tu as toujours du mal à rester concentré sur une activité, toutefois tu fais des progrès. C'est une éducatrice qui te gère le week-end et tu es content d'être avec elle.

Nous repartons chez nous. Sur le chemin du retour, je

me rends compte que j'avais encore beaucoup de questions à poser. J'aurais voulu leur dire que je ne pense pas à toi tous les jours, mais que je pense à toi mille fois par jour. Tant pis, j'ai déjà la tête pleine, elle est remplie de nouvelles me permettant de visualiser, d'imaginer ce petit garçon si attachant. Des nouvelles qui comblent une infime partie du gouffre creusé par ton absence.

26 décembre 2016.

Voilà, noël est passé. Le père noël n'a pas sonné à la porte pour annoncer son arrivée. Tu n'étais pas là pour distribuer les cadeaux. Pas là pour ouvrir tes cadeaux.

Après le repas du réveillon en arrivant à la maison j'ai tout vomi. Tout un symbole !

J'ai tout de même eu un magnifique cadeau, un concert de Linkin Park à Paris avec Leslie et Rémi. Une musique au reflet de mon âme, faite de calme et de tempête, de mélancolie et de rage. Une musique qui m'a aidé à évacuer ma peine quand Hélèna est partie, notre premier enfant placé. Une musique qui m'a donné la rage de vaincre pour passer la ceinture noire de karaté. Une musique qui m'a donné du courage lorsque je me suis rendu sur la tombe de mon cousin quarante ans après son décès.

27 décembre 2016.

Nous avons reçu une carte de noël de la part de ta maman. Je copie ce qu'elle a écrit :

« À toute votre famille. Je vous souhaite un joyeux Noël et de très bonnes fêtes de fin d'année. Que tous vos souhaits soient exaucés et surtout merci pour la patience envers mon fils. »

Sait-elle seulement que tu n'es plus à la maison ?

Sait-elle que mon plus grand souhait serait de te revoir ?

Je suis ému par sa carte.

Partie IV

Le temps passe sans toi.

2 janvier 2017.

Je vais me coucher et mes pensées sont encore une fois pour toi. Tu me manques toujours autant.

Texte II :

-Je sais que tu me faisais confiance, que tu aurais aimé que je m'occupe de toi davantage.
-Je sais que tu aurais voulu que je prenne la suite de nounou.
-J'ai peur que tu ne me fasses plus confiance, que tu ne veuilles plus que je te prenne dans mes bras.
-J'ai peur que tu ne veuilles plus me voir, que mon visage s'efface de ta mémoire.
-Je voudrais te dire que moi j'ai confiance en toi, te dire que tu dois avoir confiance en toi.
-Je voudrais te dire que tu vas réussir, te dire que tu vas t'en sortir.
-Une larme s'écoule le long de ma joue jusqu'à atteindre mon cou. Je ne pleure pas quand je parle de toi. Je pleure quand je ne parle pas de toi.

3 janvier 2017.

Ce matin je suis dans la salle de bains, je pense à toi. Je me rase avant de me rendre au travail, tu es là à côté de moi. Je mets un peu de mousse à raser dans ta main, tu l'appliques sur ton visage. Puis, tu prends ta brosse à dents et tu imites mon geste. Tu la passes sur tes joues comme je peux le faire avec mon rasoir. Ensuite tu la laves sous le jet d'eau. Tu répètes ce mouvement avec sérieux. On ne plaisante pas avec ces choses-là.

7 janvier 2017.

Nous avons la visite de Sloan, le bébé que nous avons accueilli à la naissance. Il est resté chez nous pendant quatre mois, jusqu'à ce qu'il trouve des parents pour l'adopter. Sylvie ne l'a pas vu depuis bientôt un an, moi depuis notre rencontre sur le boulevard. Il est un peu sauvage avec les personnes qu'il n'a pas l'habitude de voir, nous explique sa maman. Elle l'assoit sur le plancher et nous lui donnons le cadeau que nous avons acheté pour noël. Je me mets à côté de lui et je l'aide à enlever le papier. Il est curieux de voir le contenu du paquet. Il s'agit d'une tortue musicale sur roues possédant des formes géométriques. Nous jouons avec pendant quelques minutes.

Sloan ne marche pas encore, il se déplace à quatre pattes. Mais il est malin, il est capable de se servir d'une chaise pour se mettre debout. Puis il monte dessus, afin de saisir un objet posé sur la table. Nous nous engageons dans des courses-poursuites autour de la table de la salle à manger. Je me mets aussi à quatre pattes. Je le laisse filer devant, puis je fais du bruit en tapant des mains sur le parquet quand je le rattrape. Alors pour accélérer, il baisse la tête et fonce droit devant en rigolant.

Fatigué de ce jeu, je m'assois dans le fauteuil rouge à côté du poêle. Sloan me rejoint et me tend les bras pour que je le prenne sur moi. Ses parents sont surpris de voir son geste, habituellement il met plus de temps avant d'être sociable avec les gens. Quant à moi, je suis sur un nuage. Peut-être qu'au fond de lui il sait.

La matinée s'achève, Sloan doit repartir. Je le prends dans mes bras pour lui faire un bisou. Il pose sa tête sur mon épaule pour me faire un câlin. Sa maman nous prend en photo. Puis c'est au tour de Sylvie de poser avec Sloan et de faire un câlin.

Sloan, je te remercie de m'avoir permis de rire. Tout espoir n'est pas perdu, cette journée gagnée en est un signe.

9 janvier 2017.

Deux jours après la venue de Sloan l'espoir s'est envolé. Ce bonheur ressenti semble s'être englouti. Le manque de toi a repris le dessus. Cette journée me revient comme un boomerang en pleine figure. Je t'attends, reviendras-tu ?

20 janvier 2017.

Ce matin je me réveille brusquement, l'esprit confus et le corps fatigué. Je viens de faire un rêve interminable au cours duquel je remue terre et ciel pour te retrouver. Hélas en vain.

Dans la semaine, Sylvie a essayé de joindre le foyer. Personne n'a répondu, elle a donc laissé un message sur le répondeur du téléphone. Dans la matinée, aux environs de onze heures, une personne nous rappelle pour nous donner des nouvelles de toi. Les jouets de noël, tu les as adorés. Tu as su qu'ils venaient de nous, cela me touche. Et oui, au foyer ils ont trouvé normal de te le dire malgré l'opposition des services sociaux. Nous avons fait le bon choix, semble-t-il. Ce n'était pas bien difficile pour moi, quand pour le noël 2015 nous avons fait ensemble tous les magasins de jouets de la ville pour dénicher une peluche de Salamèche. Puis on nous explique que tu as eu un avant noël difficile, mais que maintenant tu vas mieux. C'est étonnant comme un avant noël peut être douloureux quand on sait que les fêtes se feront sans un être aimé. Pour moi aussi cette période a été compliquée.

Combien il est appréciable d'avoir enfin des gens qui nous considèrent quand d'autres nous ignorent totalement.

La corde

Pas à pas, depuis ton départ, j'avance sur une corde suspendue au-dessus d'un vide de colère et de tristesse. Chaque nœud est un obstacle que je franchis péniblement, sans trop vaciller pour ne pas sombrer. Avec une crainte, que la corde cède avant que j'en atteigne l'extrémité. Extrémité qu'un brouillard épais m'empêche de distinguer. Mais j'entrevois cette silhouette qui m'appelle et me rappelle que tu es toujours là.

25 janvier 2017.

« J'ai mal à la tête. Je veux voir mon frère. J'ai besoin de parler à mon frère, lui parler quelques minutes. Mon frère me manque. Il me manque ».

Les paroles d'un lycéen ivre que nous conduisons aux urgences de l'hôpital.

Ces paroles je pourrais les prononcer, tellement tu me manques. Toi, le seul enfant au monde à qui je ne peux pas parler.

29 janvier 2017.

Il m'est impossible de rester les bras croisés à attendre. Aussi, j'ai décidé d'envoyer par messagerie, via le site de la fondation qui gère le foyer où tu te trouves, ma candidature afin de devenir bénévole. M'engager pour passer du temps à tes côtés. Je suis persuadé que nous pouvons prendre un autre départ. Construire une relation différente pour pouvoir à nouveau être ensemble.

31 janvier 2017.

Sur la route qui mène à la maternité, je suis pris d'une sorte de vertige. Un trouble ressemblant fortement à celui que j'avais éprouvé les minutes précédant ma première rencontre avec Steffie, mon premier enfant.

J'ouvre enfin la porte de la chambre 14 : plus beau qu'une montagne enneigée sous un clair de lune ; plus beau qu'un coucher de soleil sur l'océan ; plus beau qu'une plage de sable blanc bordée de palmiers ; un petit bijou de nourrisson. Robin, mon petit enfant ! Une grande émotion envahit tout mon être. Une rencontre me projetant dans un autre univers, où le reste de l'existence à peu d'importance. Le noyau du bonheur dans une pièce de dix mètres carrés. Un bonheur pouvant prendre place dans le creux de mes deux mains. Puis peu de temps après avoir quitté la chambre, l'angoisse, la peur de la perte. Peur qui ne m'était pas trop familière. Peur qui depuis ton départ s'est installée en moi. Avec une envie, celle de serrer mes enfants dans mes bras et de leur dire « je t'aime ». Me recentrer sur ce bonheur de les avoir. Un bonheur dont j'étais conscient mais qui, aujourd'hui, prend une dimension autre. Et cela, c'est à « Toi » que je te le dois. Aussi, je suis triste que tu ne sois pas là pour partager ce moment.

5 février 2017

La demande de bénévolat :

« Mesdames, Messieurs, Je souhaiterais m'engager comme bénévole dans votre établissement et voici la lettre de motivation qui accompagne ma demande.

Lorsque cet enfant est parti au mois d'avril 2016, j'étais désespéré. Afin de combler le vide qu'il laissait autour de moi, j'envisageais de me rendre au Népal pour faire de l'humanitaire auprès des enfants. Or, je me suis rendu compte que cela était difficile à mettre en œuvre. Au mois de décembre, nous sommes venus au foyer avec mon épouse pour porter les cadeaux de Noël. Nous avons été reçus dans une salle d'attente. Sur un des murs était apposée une affiche avec un slogan sur la confiance. Cela m'a marqué, car la relation que j'entretenais avec lui était basée sur celle-ci. Je suis persuadé que cet enfant avait confiance en moi, ainsi qu'en Sylvie. C'est ce point essentiel qui aujourd'hui me fait énormément souffrir. J'ai le sentiment que tout a été gâché, détruit. Personnellement, j'ai toujours confiance en lui. Je sais qu'au fond de lui existe un être généreux, volontaire, aimant et aimable, mais tellement fragile. Sur la table du salon j'ai remarqué la présence d'un magazine. Désolé, je n'ai pu m'empêcher de repartir avec. Je voulais en savoir plus sur votre fondation. Je l'ai lu dans son intégralité et depuis mûrit, dans mon esprit, l'idée de devenir bénévole dans votre établissement. Je ne cache pas que ma principale motivation est de le revoir. Mais pourquoi ne pas reprendre une relation avec lui sur de nouvelles bases. Construire une relation différente dans un endroit différent. Et en même temps, apporter ma contribution au fonctionnement de votre maison. Pourquoi partir à l'autre bout du monde quand, à moins de 50 kilomètres, des enfants ont besoin d'aide.

Dans l'attente d'une réponse, je vous prie de croire, Mesdames et Messieurs, à mes sentiments les meilleurs. »

Thierry C.

« J'ai postulé sur votre site internet fin janvier, mais je n'ai pas eu de réponse à ce jour. »

6 février 2017.

« J'ai vécu la même histoire, depuis je compte les jours. » Francis CABREL.

Hier soir, nous avons regardé « *La planète des singes, les origines* » de Rupert Wyatt. Au fur et à mesure que le scénario défile devant mes yeux, naît le sentiment de vivre la même histoire.

Un petit être recueilli très tôt après sa naissance. Une violence incontrôlable. Puis c'est le drame. César, le singe, est conduit dans un centre fermé. Son regard au moment de la séparation me rappelle celui que j'ai croisé quand je me suis retourné. Assis sur un lit d'hôpital, tu nous regardais partir les yeux pleins d'incompréhension. Comme abruti par la situation, sans réaction.

Plus tard dans le film, Will Rodman rend visite à César. Ce dernier comprend qu'il ne pourra pas rentrer chez lui. Le désespoir et la colère s'emparent de lui. Cela me ramène à l'attitude que tu as eue, quand nous t'avons vu pour la dernière fois en juillet à l'hôpital psychiatrique, lorsque tu as compris que tu ne pourrais pas rentrer chez toi.

Les larmes montent, elles embrouillent ma vision. J'ai peur que toi aussi tu me tournes le dos, comme César le fera dans la scène de la troisième visite de Will au centre. Et si cela était le cas, je ne pourrais pas t'en vouloir. Si ton sentiment de trahison dépasse celui de ta confiance, je ne pourrai pas t'en vouloir.

Je prie simplement pour que la suite de ton histoire soit au moins aussi heureuse que la fin du film. Trouveras-tu ta voie, ta liberté ?

Dans le film, les sentiments sont bien là, universels et répétitifs, humains ou animaux.

16 février 2017.

Je me réveille. Je viens de faire un rêve dans lequel on m'annonce que je vais pouvoir te revoir. À la fin de celui-ci nous sommes ensemble. On me donne l'autorisation de venir te voir régulièrement. Mais ce n'est qu'un rêve.

Texte III : Si loin de toi.

Mon cœur saigne d'une plaie grande ouverte
Que le temps ne parvient pas à cicatriser.
Depuis que tu es parti au printemps dernier,
Que nos vies ont été séparées.

Te savoir si près, sans jamais pouvoir t'enlacer.

Je tends mon bras vers l'infini,
Sans jamais parvenir à te toucher.
Je lance mon regard au-delà de l'horizon,
Sans jamais parvenir à te trouver.

Te savoir si près, sans jamais pouvoir te parler.

Ma voix crie ton nom aux quatre vents,
Mais l'écho en retour reste muet.
Mes pas sont à la recherche de tes pas,
Mais ne savent quelle direction emprunter.

J'écris de ma main lettres et messages,
Comme autant de bouteilles jetées à la mer
Qui n'atteignent jamais de rivage
Et dérivent au grand large.

Te savoir si près, sans jamais pouvoir t'observer.

Je travaille au-delà de mes forces,
Pour que ma sueur engloutisse ma peine.
Je verse des torrents de larmes,
Pour tenter d'assécher mon âme.

Te savoir si près, sans jamais pouvoir t'entendre.

Ma gorge se resserre
Quand je prononce ton nom.
Mon cœur s'accélère
Quand j'entends prononcer ton nom.

Lorsque je vois un groupe d'enfants,
Je regarde si tu n'es pas là.
Si l'un d'entre eux te ressemble,
Je me demande si ce n'est pas toi.

Te savoir si près, sans jamais pouvoir t'apprendre.

Ma tête est pleine de souvenirs
Qui défilent à n'en plus finir.
Mon regard se tourne vers un avenir
Qu'il m'est difficile de définir.

Te savoir si près, sans jamais pouvoir t'enlacer.

Être fatigué à en perdre ma lucidité
Et ne plus parvenir à t'imaginer.
Comment se débarrasser d'un amour fusionnel,
D'un père pour un enfant qui n'est pas son enfant.

Te savoir si près, sans jamais pouvoir te dire je t'aime.

Thierry C.

21 février 2017.

J'ai aperçu Alexis à proximité du lycée. Il était avec des copains. Je n'ai pas voulu le déranger et lui ai fait un simple geste de la main auquel il a répondu. J'aimerais lui parler et aussi l'inviter chez nous. Mais je ne sais pas comment m'y prendre, il a l'air si lointain. Plus tard, dans l'après-midi, j'ai croisé ta maman au centre-ville. Ces rencontres sont autant de coups portés à mon âme. Elles m'assomment et résonnent, propageant la douleur. Encore une fois, je suis rentré le soir éprouvé par cette journée.

22 février 2017.

Seul, Alexis marche dans la rue. Je descends du fourgon de police pour le rejoindre. Je l'appelle, il se retourne. J'en profite pour lui parler quelques instants. Je lui dis que la porte de la maison est ouverte et qu'il peut venir nous voir quand il veut. Nous irons le chercher au foyer s'il le faut. Il n'est pas contre, mais reste fuyant. Je regrette de ne pas lui avoir dit que cela me ferait plaisir. Je regrette de ne pas l'avoir pris dans mes bras quand il était à la maison.

Nuit du 25 février 2017.

J'ai fait un rêve. En rentrant du travail, je trouve Alexis à la maison. Il est venu nous rendre visite. Je suis heureux de le voir et lui demande si je peux le prendre dans mes bras.

Le tunnel

Pas à pas, j'avance dans un tunnel dont les parois sont bâties d'un dur labeur qui inhibe la conscience, favorisant ainsi l'oubli de ton absence. Si le corridor est parsemé de lumières étincelantes illuminant mon existence, j'ai du mal à déterminer l'ombre se dessinant dans la lueur au sortir de l'obscurité.

2 mars 2017.

Je me rends à une annexe du foyer où je remets pour toi une revue de Mickey, deux autres magazines pour enfants et un cahier de coloriage avec des crayons. J'espère que cela ne posera pas de difficulté et que tu pourras les avoir.

Souvenir.

En hiver 2013, nous sommes partis en vacances à Ax-les-Thermes. À la station de ski, tu as pratiqué de la luge sur une piste pour enfant. Un chien s'est aventuré sur cette piste alors qu'elle était interdite aux animaux. Un gendarme est intervenu pour le faire partir. Quand tu as vu ce dernier, tu t'es précipité vers lui et tu t'es cramponné à l'une de ses jambes. Surpris par ton attitude, celui-ci était bien embarrassé. Il ne savait pas trop comment faire pour se débarrasser de toi. De tous les enfants présents et ils étaient nombreux, tu es le seul à avoir eu cette réaction, spontanée et tellement touchante.

La dernière fois où nous nous sommes vus, tu as déclaré que si tu ne pouvais pas être inventeur, tu serais policier. Une flèche décochée qui atteint mon cœur, le traversant de part en part et occasionnant une blessure d'où s'échappent une multitude de sentiments qui s'entrechoquent les uns les autres, cheminant entre fierté, désolation et abandon.

11 mars 2017.

Lors d'une journée de travail, nous descendons la pente qui borde la route afin d'accéder à la grotte se trouvant en contrebas. Parfois des personnes y installent leur abri, aujourd'hui elle est vide. Quelques déchets jonchent le sol, mais les lieux ne semblent pas trop fréquentés. En ressortant par l'autre ouverture de la grotte nous tombons sur un sac à main abandonné, détrempé par la pluie. À l'intérieur nous découvrons un portefeuille contenant divers documents. Ces papiers (permis de conduire, carte nationale d'identité…) appartiennent à une dame. Parmi eux se trouve également une carte vitale sur laquelle est inscrit un nom qui me fait réagir. Ce nom devant mes yeux est celui de la personne qui peut décider si nous pouvons nous revoir. Ayant son adresse mail, je lui fais part de notre découverte et lui propose de lui amener les documents le mardi de la semaine suivante. Est-ce un signe du destin ?

TEXTE IV : Que j'ai mal,

-Quand mon esprit n'est plus occupé, tu t'engouffres dans mes pensées.

-Quand je rentre le soir, je lève les yeux vers le ciel. Tu es ce point lumineux qui brille dans la nuit.

-Quand je berce Robin, je le regarde longuement. Tu reviens alors à ma mémoire, tu es ce bébé qui pèse sur ma vie.

-Quand je tiens Robin dans mes bras et que je l'embrasse tendrement, je me dis que tu devrais le voir ou ne serait-ce que savoir.

-Quand je joue avec Melano le chien de Steffie et Mathieu, je me dis que si tu étais là, tu participerais à nos jeux.

-Quand je vois une orchidée, je ne peux m'empêcher de penser à toi. Le printemps arrive, ces fleurs vont sortir par centaines !

Mais putain que j'ai mal. J'ai le cri d'Evard MUNCH dans la tête. Mes mains posées sur les oreilles, pour ne plus entendre ces cris d'enfants exprimant une douleur héritée d'une naissance malheureuse, d'une existence meurtrie ou d'un avenir incertain, parfois sombre. Mes mains posées sur les oreilles, pour ne plus entendre ton cri d'enfant qui a pénétré mon âme pour la nourrir de ta détresse.

Thierry C.

Un enfant dans le désert. (Huile sur toile)

Thierry C.

20 mars 2017.

Je me rends aux bureaux des services sociaux afin de donner les papiers que j'ai trouvés près de la grotte. Malheureusement leur propriétaire est absent. Je les laisse tout de même pour qu'on les lui fasse passer, mais je n'ai pas pu parler de toi avec cette personne. J'ai donc laissé un message afin d'avoir un rendez-vous. J'espère qu'il ne tardera pas trop.

Les gens préparent leurs vacances d'été. Ils racontent les îles, les villes où ils ont séjourné. Ils parlent de pays, de sites qu'ils ont visités, d'endroits où ils aimeraient aller. Ils partent en voyage dans des pays lointains.

Pour moi, le seul voyage qui pourrait me rendre heureux, c'est celui qui me mènerait à toi. Celui qui comblerait les trente ou quarante kilomètres qui nous séparent. Pas de bout du monde, pas de lieux enchanteurs, simplement « Toi », Everest inaccessible.

Souvenir.

Nous partons en balade, vous à vélo, moi à pied. Nous effectuons le tour du lac, quand Alexis te dépasse avec sa bicyclette. Vexé, tu laisses tomber ton vélo, puis tu jettes ton casque au milieu du lac. Il faudra attendre patiemment que le vent nous le ramène pour pouvoir l'attraper et repartir.

Souvenir.

Nous patientons assis sur des marches, en attendant que le petit train de la Rhune entre en gare et nous ramène au pied de la montagne. Nous sommes entourés par de nombreux touristes attirés par le magnifique point de vue se dessinant depuis le sommet. Et là, petit garnement d'à peine trois ans qui vient de laisser échapper un gaz, tu te tournes vers moi et tu lâches :

« T'as pété cochon ».

Comment se sortir d'un tel piège si ce n'est avec un peu d'humour.

26 mars 2017.

Elles sont là, sur le carré de près face à la maison, tendres et fluettes, sensibles et fragiles, par centaines, comme autant de raisons de penser à toi. Ophrys araignée à l'apparence trompeuse, un leurre pour insecte, une illusion pour moi, le rêve de t'avoir à mes côtés assis sur l'herbe à contempler ces fleurs à la beauté discrète, mais si surprenantes pour qui sait les regarder.

Le jour de notre dernière rencontre au mois de juillet, environ deux mois après ton départ, tu as dit :

« Si je ne peux pas être inventeur, je serai policier ».

« Je n'ai pas de copain parce que je pense à vous tout le temps ».

« J'aurai un téléphone portable pour vous appeler ».

« Trois ans avant de se revoir c'est long ».

« Qui va m'amener à la plage cet été ? ».

« Vous m'avez manqué ».

« Vous habitez toujours la même maison ? ».

Tu t'es jeté dans les bras de Sylvie, puis dans les miens. Que diras-tu la prochaine fois que nous nous verrons ?

Je te réponds aujourd'hui :

« Je suis content d'avoir été quelqu'un qui compte pour toi ».

« Tu ne quittes jamais mes pensées ».

« J'attends avec impatience ton appel ».

« Une année sans toi me semble une éternité ».

« Je ne sais pas si je pourrai retourner à la plage si tu n'es pas là ».

« Tu me manques encore et toujours ».

« C'est aussi ta maison ».

3 avril 2017.

Message à une personne des services sociaux :

« Le hasard a voulu que je trouve des documents vous appartenant. J'aurais aimé vous les remettre en main

propre et profiter de cette occasion pour parler de l'enfant. Hélas, cela n'a pas pu se faire. De toute façon j'avais l'intention de vous contacter afin d'avoir une rencontre avec vous début avril. En effet, ça va bientôt faire un an que Toi est parti de la maison. Un an, c'est peut-être peu, mais c'est interminable quand on a mal. Un an sans pouvoir donner d'amour à un enfant que j'aime aussi fort que mes enfants. Pensez-vous que cela puisse durer encore longtemps ? Je compte sur vous pour faire avancer les choses et nous permettre de le revoir rapidement. Cordialement. »
Thierry C.

8 avril 2017.
Une fin de nuit agitée (rêve) :

Je me retrouve devant le foyer qui t'accueille. Les enfants de ton groupe sont de sortie. Ils passent devant moi avec l'éducateur qui les emmène pour une activité extérieure. Tu n'es pas parmi eux. Ils ont appris, je ne sais comment, que j'étais là. L'éducateur m'explique que tu es resté à l'intérieur, car tu ne devais pas me rencontrer. Je suis triste. Je me réveille brusquement.

Fatigué, je me rendors rapidement et le rêve reprend. Le foyer est constitué de bâtiments. Sur une aile, toutes les fenêtres sont occultées par des rideaux noirs. Pour moi, ta chambre se trouve derrière l'une d'elles. Je fais le tour à plusieurs reprises afin de découvrir une faille qui me permettrait de t'apercevoir, en vain. Je suis déstabilisé, commence à paniquer. Je t'imagine dans une pièce mal éclairée par la lumière d'une ampoule de faible intensité. J'ouvre les yeux, l'angoisse commence à monter.

Je m'endors une nouvelle fois et le cauchemar reprend. Tous les enfants sont dans la cour, sauf toi. L'un d'entre eux s'amuse avec un chariot. Celui dont je m'étais servi pour porter des affaires t'appartenant. Je lui demande de descendre du chariot, mais il s'obstine à rester dessus. Et là, tous les regards sont tournés vers moi. Comment va-t-il s'y prendre pour faire écouter ce gamin caractériel ? Lui qui pense que c'est si simple. Attendu au tournant, je m'en sors en lui pinçant une oreille. Un autre prend sa place, j'agis de la même manière. Le test semble être réussi.

Au troisième réveil, la tête me pèse. J'ai l'impression de sortir d'un KO, puis je replonge. Je tourne autour du bâtiment jusqu'à ce que je parvienne à entrer. Je cherche dans toutes les pièces. Je ne te trouve pas. Il me reste cette aile qui m'est interdite. Aucune personne n'est là pour m'empêcher de continuer la visite des lieux. Seules la morale et l'autorité font pression sur mon libre arbitre et ma volonté de te retrouver. Je ressors, effectue le tour de l'habitation en t'appelant : « Toi ».

Au quatrième réveil, la tête me fait de plus en plus mal. Je ne parviens pas à me lever, le sommeil me gagne encore. Une série noire qui n'en finit plus. Dans la cour est exposée une sorte de grande benne, une barge peut être. Elle est recouverte par une bâche qu'il m'est impossible de soulever. Es-tu sous la bâche ? Mon sac se renverse, je fais le tri d'objets t'appartenant. Soudain des enfants arrivant de je ne sais où passent en courant, slalomant entre des personnes. Sylvie est à côté de moi. Nous t'apercevons, tu es là parmi eux. Ton visage s'illumine en nous voyant. Tu viens vers nous, puis tu te jettes dans mes bras. Je me réveille. Je ne dois pas me rendormir. Je me lève.

Dans la matinée, après le petit-déjeuner, je prends la voiture. En reculant, je percute la brouette. Cette dernière fait un trou dans le pare-chocs. Non je ne suis pas réveillé, j'ai toujours ce rêve qui embrouille mon cerveau et me tord les boyaux.

12 avril 2017.

Aujourd'hui, en ville, j'ai vu ta maman avec ton petit frère. J'ai aussi rencontré Akim, ce petit garçon que nous avions accueilli pendant une quinzaine de jours. Il faisait du karaté et était ceinture verte. À la fin de la saison il doit passer la ceinture noire.

13 avril 2017.

Un lecteur CD radio, un CD de Michael JACKSON, des œufs de pâques, ce sont les cadeaux que nous t'amenons au foyer. Nous sommes reçus sur le pas de la porte. Très peu de nouvelles te concernant, je suis triste car tu ne sais toujours pas lire et écrire. Je comprends que tu en es toujours au même point qu'il y a un an. Tu n'as pas progressé. Tu restes sur tes acquis, sur ces pages de lecture et d'écriture que nous avons partagé. L'éducatrice pense que peut-être tu voudras nous envoyer quelques mots pour nous remercier, elle t'aidera. Ce serait pour nous un grand plaisir de te lire.

Avec Sylvie nous ne sommes pas d'accord sur la méthode à employer pour parvenir à te revoir. Elle voudrait simplement pousser les portes quand je serais partisan de les enfoncer.

Depuis le début du mois, nous sollicitons un rendez-vous avec les services sociaux. Nous sommes le 22 avril et toujours pas de réponse. J'ai le sentiment qu'ils ne savent pas comment s'y prendre.

Dimanche 23 avril 2017.

Voilà un an que tu es parti. Un an qu'un dimanche en fin d'après-midi, nous t'avons laissé sur un lit d'hôpital en pédiatrie. Je garde en mémoire ce regard de désolation que tu m'as adressé quand je me suis retourné pour te voir une dernière fois. Un an que je pense à toi tous les matins quand je me lève, que je pense à toi tous les soirs avant de m'endormir. Un an que tu fais le trajet avec moi entre travail et domicile. Le moment le plus compliqué pour moi est celui où je circule sur cette petite route entre autoroute et voie ferrée à quelques encablures de la maison. Sachant que seul ton fantôme sera là pour m'accueillir lorsque je franchirai le pas de la porte.

Partie V

Te revoir.

25 avril 2017.

Un drame vient de se produire. Une maman a jeté son bébé dans la rivière pour mettre fin à ses jours. Durant l'intervention, mon esprit reste concentré et me laisse tranquille. Puis petit à petit, la réflexion fait son cheminement. Elle s'installe à m'en faire péter la tête. Elle s'amplifie quand j'apprends que des personnes avaient signalé aux services sociaux le danger pour l'enfant, en vain. Elle me ramène à ton histoire et à ces mêmes services sociaux. À leur lenteur d'action, parfois même à leur inaction.

26 avril 2017.

Le foyer a rappelé Sylvie. Les œufs de Pâques ne posent aucun problème, par contre ils refusent de te donner la radio et le CD de Michael Jackson. Ils ne veulent pas que ces cadeaux restent dans ta chambre à te rappeler que nous sommes encore là. Tu dois passer à autre chose. Ils nous demandent de les récupérer.

28 avril 2017.

Voici le courrier transmis ce jour aux services sociaux et au foyer.

« Mesdames, Messieurs, étant désireux de me rapprocher de Toi, je vous propose le projet suivant :

La fondation d'A. A. recherche régulièrement des bénévoles pour les aider dans leur fonctionnement. Je vous propose donc de devenir l'un d'entre eux. Je suis prêt à donner une partie de mon temps au foyer, une demi-journée par week-end. Je pourrais ainsi m'investir dans le groupe d'enfants où il se trouve. Je vous propose d'accompagner ces enfants dans leurs ateliers éducatifs (lecture, écriture...) et ludiques, d'assister les éducateurs dans les déplacements si vous organisez des sorties. J'espère que vous étudierez attentivement ce projet et que nous pourrons en discuter ensemble.

Dans l'attente d'une réponse, je vous prie de croire, chers mesdames et messieurs, à mes sentiments les meilleurs. »

Thierry C.

9 mai 2017.

Fatigué d'attendre des réponses n'arrivant pas, j'envoie un énième message aux services sociaux :

« Bonjour, avez-vous été destinataire de ma lettre de proposition de bénévolat ? Pourquoi ce courrier ?

Parce qu'élever un enfant de l'âge de quatre mois à l'âge de dix ans et ne plus avoir le droit de le contacter de quelque façon que ce soit est profondément inhumain. Seuls les animaux agissent de la sorte et encore, nous pouvons trouver des espèces qui gardent un lien avec leur progéniture.

Voir grandir un enfant, s'investir pour lui comme nous l'avons fait pour qu'au final nous soyons écartés de sa vie est pour nous une grande injustice.

J'espère de tout mon cœur que vous adhérerez à ma demande. »

Thierry C.

10 mai 2017.

Avec Sylvie, nous retournons au foyer. Mais au lieu de reprendre la radio et le CD, nous leur donnons, pour toi, trois revues pour enfants avec des gadgets. Nous leur demandons de tout te donner sans te dire que ces cadeaux viennent de nous et éventuellement, partager ces objets avec les autres enfants de ton groupe.

Nous avons été reçus par une éducatrice qui s'occupe du groupe des petits. J'aime bien discuter avec des gens ayant un contact direct avec toi.

11 mai 2017.
1re rencontre.

Fidèles à leur fonctionnement, les services sociaux ne répondant pas à mes sollicitations me poussent à agir et à prendre des initiatives qui j'espère ne seront pas malheureuses. J'ai appris que tous les jeudis en fin d'après-midi, tu pars de l'école spécialisée pour te rendre au foyer. Au cours de ce trajet d'1 heure 30, tu passes par la ville où je travaille. J'en ai discuté avec mes collègues et nous avons décidé d'effectuer un contrôle routier autour des 18 heures, avec l'espoir d'intercepter la voiture qui te conduit.

17H30, mise en place du contrôle routier. Nous sommes concentrés sur le passage des véhicules qui, à cette heure de la journée, est plutôt dense.

18 h 00, voilà une demi-heure que nous scrutons l'intérieur des automobiles pour tenter de t'apercevoir, sans résultat. À force de fixer les véhicules nos têtes commencent à tourner.

Je m'attends à te trouver dans un taxi ou une ambulance. Quand, vers les 18 h 15, un monospace blanc passe devant moi. Sur le siège arrière-côté droit, un enfant est recroquevillé sur lui-même. J'entrevois à peine le dessus de sa chevelure. Je ne te vois pratiquement pas et pourtant je suis sûr que c'est toi. Ça ne peut être que toi ! Je fais signe à mes collègues qui interceptent la voiture.

Étonnés de nous retrouver face à face, nous restons sans voix pendant quelques secondes. C'est bien toi ! Plus de dix mois que j'attends ce moment. Nous tombons dans les bras l'un de l'autre. Je te murmure à l'oreille que tu me manques et que je pense à toi tous les jours. Tu te mets à sangloter. Je suis ému, des larmes humidifient mes yeux. Je te complimente sur ta beauté. Tu me souris timidement, de ce sourire que je connais si bien et que j'aimerais voir et revoir encore...

Tu es visiblement touché et content de me retrouver. Je te demande si tu serais d'accord pour qu'avec Sylvie nous te rendions visite au foyer. Tu me réponds par un oui tout simple, mais avec une intonation dans la voix et un regard supplicateur. Je t'explique que je fais des démarches auprès des services sociaux afin que nous puissions nous revoir régulièrement. Tu me suggères d'insister pour que ça puisse se faire. Tu ne parles pas beaucoup et réponds simplement à mes questions en deux ou trois mots. Tu as des copains. Tu vas bien, mais je comprends que tu fais toujours ces crises qui empoisonnent ton existence. Nous parlons des jouets que tu as eus pour Noël. Tu as affiché le poster de Pinocchio dans ta chambre. Tu souhaiterais avoir mon numéro de portable. Je te le donne même si tu n'as pas de téléphone. Tu aimerais avoir une photo où nous sommes ensemble, toi, Sylvie et moi. Puis tu me dis qu'aujourd'hui tu as bien travaillé à l'école. Tu cherches à me faire plaisir, car tu sais combien il est important pour moi que tu apprennes à lire et à écrire. Les questions et les réponses fusent. Nous n'avons pas beaucoup de temps. Juste un instant avant que tu reprennes la route.

Puis un câlin précède un bisou, devançant un coucou de la main quand tu t'éloignes.

Mes pensées sont confuses. Je suis heureux de t'avoir enfin revu, tellement heureux. Cependant je suis également triste, car je ne t'ai pas encore retrouvé.

16 mai 2017.

Il est environ 16 h 30, une lueur d'espoir traverse mon âme.

Lors de notre passage au foyer, le 10 mai, j'ai récupéré la revue de la fondation d'A.A. des mois d'avril/mai. Je l'ai feuilletée et suis tombé sur un article qui m'a fait réagir. Si on m'en donne la possibilité, c'est précisément ce que je souhaiterais faire avec toi. Cet article raconte comment un éducateur a aidé un enfant à s'en sortir. Il organisait des sorties avec lui, loisirs et sports. Par ce biais des sorties et des différentes activités, ils arrivaient à discuter ensemble. Il s'adaptait à l'enfant. Par petits pas, il obtenait des résultats énormes. Par chance, cette personne exerce sa profession en ville. Il est indispensable que je la rencontre.

Aujourd'hui, je finis mon service à 16 h 00. Je me décide et prends la direction du foyer pour avoir des informations sur cet éducateur. Une fois sur place, j'ouvre la porte du bâtiment. À l'intérieur une entrée distribue plusieurs pièces. Sur une porte est inscrit : « Veuillez frapper avant d'entrer ». J'entends derrière celle-ci des gens en pleine conversation. Je n'ose pas entrer. J'ai peur de déranger, mais aussi peur d'être rejeté. Tant de portes ne se sont pas ouvertes ou se sont refermées. Je fais les cent pas dans le couloir, attendant que quelqu'un sorte pour m'informer. Puis mon téléphone se met à vibrer. Je vais à l'extérieur pour répondre. Une fois dehors, je remarque quatre personnes sortant d'un bureau. L'une d'elles s'approche de moi, me salue et me demande si j'ai besoin d'un renseignement. Je lui explique, le magazine en main, que je désirerais rencontrer un éducateur dont l'action auprès d'un enfant est racontée dans un article. Une dame à nos côtés me répond : « Vous l'avez en face de vous ». J'explique brièvement les raisons de ma présence. La porte s'ouvre. L'éducateur J.M. me donne son numéro de téléphone afin que je le rappelle pour convenir d'un rendez-vous la semaine prochaine.

Je repars le sourire aux lèvres, avec l'espoir que la lueur se transforme en une lumière éblouissante.

Bannis de ton village.

Dans ce même magazine d'avril/mai 2017, j'ai été frappé par un autre article. Ce dernier fait référence à un proverbe africain en affirmant : « La sagesse africaine dit qu'il faut tout un village pour éduquer un enfant. »

Ce proverbe, « Pour qu'un enfant grandisse il faut tout un village », je l'ai rajouté en post-scriptum à la fin du courrier que je t'ai adressé au mois de juillet 2016, lors de nos au revoir.

Malheureusement, avec Sylvie nous avons été bannis injustement de ce village, écartés d'un revers de la main sans ménagement.

(Je rappelle que la fondation d'A.A gère le foyer où tu te trouves)

17 mai 2017.

Une journée difficile commençant par la présentation au tribunal d'un jeune homme d'une vingtaine d'années dont le profil psychologique me fait penser à toi. Puis un peu plus tard, je croise ta maman qui attend à un arrêt de bus. Enfin; à la station essence, je rencontre Alexis accompagné par un éducateur. En s'amusant avec des bombes à eau fabriquées à l'aide de gants en plastique, il a cassé le pare-brise d'une voiture du foyer. Je profite de cette occasion pour lui donner le numéro de téléphone de Sylvie et lui dire que ça me ferait plaisir qu'il passe à la maison afin de nous rendre visite. On pourrait s'organiser avec le foyer pour que cela puisse se faire.

18 mai 2017.
2ème rencontre.

Sur le trajet, tu as demandé au chauffeur J.P. si tu pourrais me revoir. Je suis content de ta réaction, car après notre dernière rencontre, je ne savais pas comment tu réagirais.

Nous organisons un contrôle routier au rond-point, à la même heure que jeudi dernier. Il tombe des cordes. La surveillance de la circulation se fait depuis notre véhicule. Nous ne sommes là que depuis quelques minutes quand une mission nous est confiée. Malheureusement, tu n'es pas encore là. La mission n'est pas urgente, mais je commence à angoisser. Il me tarde ton arrivée.

Soudain j'aperçois ta voiture, je reconnais le chauffeur. Tu es là, sur le siège à l'arrière de l'auto. Nous descendons du véhicule de police et nous interceptons ton taxi. Avec l'autorisation de J.P., je m'assois à l'abri à côté de toi. Nous engageons une discussion. J'ai tellement de choses à te confier. Je t'ouvre mon cœur. Je te parle de mon projet de bénévolat au foyer. Puis, J.P. nous interrompt pour me dire que la situation allait s'arranger pour nous. Je me tourne vers lui, je ne comprends pas pourquoi il dit cela. Il m'explique que jeudi dernier en arrivant au foyer, tu n'as pas pu garder le secret. Tu as tout raconté à l'éducatrice et tu as demandé à nous revoir, Sylvie et moi. Tu l'as fait avec des mots à toi et avec beaucoup d'émotion. Si bien qu'elle a été touchée et en parlera lors de la prochaine réunion avec le personnel du centre.

Tu me regardes tristement et me dis que tu es désolé d'avoir parlé. Je te réponds que je comprends, que ce n'est pas grave. C'est tellement difficile. J.P. est confiant, d'après lui, ton attitude va faire bouger les choses. Son enthousiasme est contagieux et porteur d'espoir.

Je suis soulagé de t'avoir revu. J'avais peur que notre dernière rencontre n'ait pas de suite.

24 mai 2017.

11 heures, nous avons rendez-vous avec J.M. l'éducateur de la revue de la fondation d'A.A. L'entretien durera près de 2 heures 30. Pris par l'engouement suscité par notre histoire, nous n'avons pas vu le temps passer. Nous avons beaucoup parlé de toi, mais aussi de Sylvie et de moi.

J.M. fait preuve d'empathie, il comprend que nous soyons affectés par les moments difficiles que nous avons traversés. Il n'est pas surpris par le comportement des gens des services sociaux. Il me conseille de ne pas les prendre de front, mais plutôt d'utiliser les méandres du système pour parvenir à mes fins. Sinon je vais me battre contre des moulins à vent et finirai comme Don Quichotte. Son expérience lui fait dire que je risque de me voir opposer un argument faisant partie de leur batterie d'action pour se justifier, en me renvoyant chez moi, ou plutôt en moi. Considérant qu'il n'est pas normal d'être comme je suis, de penser ainsi, sans avoir un problème psychologique non résolu. Qu'il n'est pas normal de réagir de la sorte vis-à-vis d'un enfant placé. Comme si t'aimer était une erreur de la nature.

À ces gens je réponds que c'est mon droit de t'aimer, que

l'anormal serait de te voir comme un simple numéro. Mais hélas, tout est possible quand l'humanité obéit à une machine administrative et est guidée par des logiques financières.

L'entretien se termine, je suis un peu déçu et ça se voit.

J.M. : « J'ai l'impression que vous êtes déçu, que vous vous attendiez à plus ? »

Il a raison, tout cela n'avance pas assez vite pour moi.

Toutefois, en acceptant de nous recevoir et en nous écoutant, J.M. a déjà fait beaucoup. Il contactera tes éducateurs des services sociaux et du foyer pour voir ce qu'il est possible de faire.

31 mai 2017.

Robin a quatre mois. C'était ton âge quand tu es arrivé parmi nous. C'était l'âge de Sloan quand il est parti de chez nous. Quatre mois ce n'est rien à l'échelle du temps, mais quatre mois qui auront été déterminants pour vos existences.

Je pense à toi en espérant te voir demain.

1er juin 2017.
3ème rencontre sur le bord de la route.

En me voyant, tu exhibes avec fierté la médaille que tu as gagnée au foot. Après un câlin, tu me demandes si Robin va bien. Tu veux connaître la couleur de ses cheveux, de ses yeux, tu veux savoir s'il est beau. Tu aimerais pour la prochaine fois, que je t'amène notre chien cacahuète. Mais je ne peux pas. Il faudrait pour cela que les services sociaux nous autorisent à venir te rendre visite au foyer. Nous ne devrions même pas nous voir sur cette route sans leur accord.

Tu réfléchis tête baissée, tu murmures quelques mots que je ne comprends pas. Je te demande de répéter. Mais je ne saisis toujours pas le sens de ta phrase. Tu t'exprimes alors une troisième fois, d'une voix plus haute et plus claire :

« Ils ne veulent pas qu'on se voit ? ».

« Non ».

« Je croyais que c'était vous qui ne vouliez plus me voir ».

« Non ce n'est pas exact, nous avons toujours demandé à te revoir ».

« Pourtant nounou a dit qu'elle ne voulait plus de moi ».

« Tu parles de notre dernière rencontre, en juillet dernier à l'hôpital Psychiatrique, quand Sylvie a affirmé qu'elle ne pouvait plus t'accueillir. Elle n'a jamais dit qu'elle ne voulait plus te voir. Ça, c'est une décision prise par les services sociaux ».

Le psychiatre nous avait reçus avant la réunion. Il nous avait expliqué que pour le bien de l'enfant, il fallait une rupture. Il nous avait demandé de te dire simplement au revoir, car il fallait t'enlever tout espoir de pouvoir retourner chez nous.

Pendant l'entrevue, quand tu as exprimé le souhait de revenir à la maison ne serait-ce qu'un après-midi pour un goûter, le psychiatre t'a dit de demander à Sylvie si elle voulait bien t'accueillir encore. Tu t'es tourné vers elle et tu lui as posé la question. Elle t'a répondu, des sanglots dans la voix :

« Non ce n'est plus possible, je ne peux plus ».

Nous souhaitions tout de même garder un lien avec toi. D'ailleurs cela était prévu. Mais quinze jours après ton départ, ils ont soudainement changé d'avis et ont supprimé tout contact avec toi.

Avec Sylvie, nous pensons qu'à l'occasion de cette réunion, ils se sont servis de nous. Depuis, nous pensons à toi tout le temps et continuons de t'aimer. Tu nous manques beaucoup. Normalement, nous n'aurions pas dû nous retrouver avant un ou deux ans de plus. Tu veux savoir si dans deux ans tu seras adulte, car tu as dans l'idée de devenir policier dans la ville où je travaille. Ainsi, nous serions à nouveau réunis.

Je te réponds que tu n'as pas besoin de devenir policier pour que l'on puisse se voir. Quel que soit ton métier, Quel que soit l'endroit où tu te trouves, nous pourrons nous revoir. La semaine prochaine nous allons bien à Paris chez Leslie et Rémi.

5 juin 2017.

Nous devons nous rendre à un anniversaire. Je descends dans la chambre pour m'habiller en conséquence. Le polo rose est sur le haut de la pile de vêtements. Tu l'avais choisi pour moi dans un magasin. Je l'attrape et pour la première fois depuis le mois de juillet 2016 je le remets sur mes épaules, avec un sentiment : celui de te porter comme j'ai pu le faire si souvent.

8 juin 2017.

Sylvie a téléphoné à la psychologue de l'école spécialisée pour avoir de tes nouvelles. Elle sait que tu m'as vu. Elle a posé des questions sur notre désir de te revoir. Visiblement elle n'était pas informée sur notre situation. Elle se propose d'en parler en réunion.

9 juin 2017.

SMS envoyé à mes enfants :

« Le Downloard festival : sur la scène face à nous le groupe Linkin Park. La tête pleine de musique, le regard tourné vers le ciel étoilé, je pense à toi. Sans tristesse, ni colère, mais avec amour. Pour la première fois depuis ton départ je me sens bien, le cœur léger. Tu n'es plus cette absence qui m'empêche d'être pleinement heureux. Cela ne durera peut-être pas, mais j'en profite, je refais le plein d'énergie. Je remercie mes enfants pour ce beau cadeau. Je les remercie d'être là.

Je vous aime ».

22 juin 2017.
4ème rencontre.

Trois semaines sans se voir, je suis impatient.

Aujourd'hui, je ne travaille pas. Cependant, mes collègues vont tout de même effectuer un contrôle routier au point habituel. Je descends en ville pour les rejoindre.

Tu voudrais savoir si les services sociaux accepteront qu'on puisse se revoir. Puis tu me demandes des nouvelles de Kouik, ton hamster. Tu aimerais le prendre avec toi au foyer. Hélas, ils n'acceptent pas les animaux. Tu suggères de le prendre chez Dominique, s'il veut bien. C'est l'endroit où tu passes tes vacances et un week-end par mois. S'il est d'accord, je me propose de le lui amener. Tu penses que ce ne sera pas possible, car nous ne pouvons pas nous rencontrer. Je t'explique que je peux toujours le lui apporter quand tu ne seras pas chez lui. Tu comprends, tu es loin d'être stupide. Je reconnais là le petit garçon dont je sais l'intelligence.

Une complicité s'installe entre nous. Pour aller où ? Je ne sais pas.

J.P., le chauffeur, me raconte que le directeur du foyer voudrait le faire changer d'itinéraire afin d'empêcher nos rencontres.

28 juin 2017.

Avec Sylvie, nous sommes enfin reçus par le responsable des services sociaux. Nous attendons ce moment depuis des semaines. Il nous reçoit aujourd'hui, car nous lui avons un peu forcé la main. Sinon, je crois que nous pourrions attendre encore longtemps. En effet, nos petites rencontres sur le bord de la route entre l'école spécialisée et le foyer ainsi que l'appel de Sylvie à la psychologue de l'école, ont provoqué des réactions aboutissant à cette réunion. Elle durera près de 02 h 30. 02 h 30 à expliquer, à essayer de comprendre et à argumenter pour pouvoir te revoir.

Maintenant il nous faut attendre une décision qui j'espère sera heureuse pour nous. Une inquiétude tout de même : le chef de service se réfugie beaucoup derrière le « cadre juridique ». Cela cache-t-il quelque chose ?

4 juillet 2017.

Randonnée en compagnie de Mathieu.

Après avoir parcouru les premiers cent mètres d'une randonnée qui nous mènera à plus de 3000 mètres d'altitude, nous tombons nez à nez avec deux isards. Premiers pas à la montagne pour cette année et nous voilà déjà face à cet animal extraordinaire qui parfois fuit votre vision durant toute une saison. Est-ce un signe ? Je pense à toi. Mais ces signes venus du ciel ou de la terre, de la nature ou de l'humain, ne sont-ils pas le fruit d'un esprit en quête d'espoir ? Un besoin de croire que tout peut s'arranger pour nous.

Nous repartons le long du lac, traversons un torrent, passons quelques névés, avant d'arriver trois heures plus tard sous le sommet. Il fait chaud, l'altitude se fait sentir, mes jambes sont lourdes. Tu me donneras la force et le courage d'aller jusqu'en haut.

6 juillet 2017.

Tu as participé à une réunion à l'école spécialisée au cours de laquelle on t'a demandé si tu voulais nous revoir. À l'issue de cette réunion, tu étais plutôt optimiste. Tu as déclaré que tout allait s'arranger pour nous. Cela me fait chaud au cœur et j'aimerais tant partager cet optimisme.

20 juillet 2017.

Le chanteur de Linkin Park, Chester BENNINGTON, a mis fin à ses jours. Je suis triste comme un adolescent venant de perdre son idole. Je suis triste, car lorsque je l'écoute chanter mes enfants sont auprès de moi, toi aussi. C'est encore plus vrai depuis le festival de début juin. Et ça le sera encore davantage après sa mort.

2 août 2017.

Message de Sylvie aux services sociaux :

« Bonjour, je me permets de revenir vers vous afin de savoir si vous avez réfléchi à notre proposition de revoir l'enfant ?

Nous souhaiterions pouvoir préparer un goûter d'anniversaire pour lui. Son anniversaire est début septembre. Nous pourrions lui rendre une petite visite au foyer le samedi 16 septembre pour partager un petit gâteau et lui apporter des cadeaux.

Si vous ne gérez pas le dossier directement, merci de nous dire à qui s'adresser pour avoir des infos. Pouvons-nous voir directement avec le foyer ?

Dans l'attente de vos nouvelles, veuillez agréer nos sincères salutations. »

Mr et Mme.

Réponse des services sociaux :

« Bonjour Madame, comme échangé au cours de notre entretien et après avoir pris attache auprès du juge des enfants, c'est à lui que vous devez adresser une demande de droit de visite concernant l'enfant. Votre situation ayant changé vis-à-vis de lui, n'étant plus son assistante familiale et le placement étant judiciaire, il convient que vous fassiez une demande écrite auprès du juge des enfants, seule personne compétente pour autoriser de telles rencontres. »

3 août 2017.

Lettre à Monsieur le juge.

« Monsieur le juge des enfants, nous vous adressons une demande de droit de visite concernant l'enfant placé sous votre protection par l'intermédiaire des services sociaux. En effet nous l'avons accueilli le 14.01.2007 à l'âge de 4 mois jusqu'au 22.04.2016. Nous nous sommes beaucoup impliqués dans cet accueil riche mais complexe. Nous avons créé une relation de profonde affection avec cet enfant en souffrance.

Malheureusement et à notre grand désespoir, nous avons dû mettre un terme à cet accueil devant l'ampleur de ses troubles psychiatriques. Depuis son départ nous avons respecté le délai de rupture imposé par les services sociaux.

Depuis plus de six mois, nous sollicitons le service afin de renouer un lien affectif avec lui. Notre attachement n'est plus à prouver. Le responsable des services sociaux nous a invités à vous adresser une demande directe, car je ne suis plus famille d'accueil. Nous comptons sur votre bienveillance pour solliciter auprès des services compétents un droit de visite régulier avec cet enfant.

Les différents intervenants auprès de l'enfant ayant un avis favorable à notre projet, il ne nous manque qu'un cadre juridique pour sa mise en œuvre. Nous savons qu'il est très en demande de nous revoir et nous sommes prêts à répondre à ses attentes.

Nous comptons sur votre humanisme pour nous aider à prouver à cet enfant que l'amour existe et qu'il est aimable.

Nous mettons tous nos espoirs dans ce courrier et restons à votre disposition si vous souhaitez nous rencontrer du fait du caractère exceptionnel de notre demande.

Dans l'attente de votre réponse, nous vous prions d'agréer, Monsieur le juge, nos respectueuses salutations. »

Sylvie.

4 août 2017.

Je me rends au tribunal afin de remettre le courrier au juge des enfants. L'accueil n'est pas très chaleureux et reste très administratif. Le juge me demande de déposer la lettre à son secrétariat. Là, une dame appose sur l'enveloppe un tampon, cela ne laisse rien présager de bon.

À mon retour, Sylvie envoie un message aux services sociaux :

« Nous revenons vers vous pour vous signaler que nous avons porté un courrier ce matin au juge des enfants. Nous espérons seulement que ce ne sera pas une voie de garage, mais bien l'opportunité de finaliser un projet dont vous validez le contenu. Car nous savons tous que le juge

prendra une décision en fonction de votre présentation du dossier.

Je vous joins la copie de ce courrier qui, nous l'espérons, donnera à cet enfant la possibilité de voir qu'il n'est pas rejeté une fois de plus. »

Réponse des services sociaux :

« *Je prends note de votre demande auprès du juge. Pour ce qui est de la suite de la procédure, elle revient au magistrat et le cas échéant à l'équipe de suivi en territoire.* »

13 août 2017.

Texte V : Continuer de t'aimer.

**Tout cela est-il normal ?
T'aimer serait-ce un crime,
Que l'on m'interdise de te voir ?
Leurs réponses ne sont pas claires,
Je ne peux leur faire confiance.
Reste-t-il encore un espoir ?**

**Tu sembles si loin, si inaccessible.
Ton visage et ta voix embrouillent mes sens.
Tant de souvenirs présents dans ma tête.
Mais ton image a-t-elle encore un sens ?
Tu prends tant de place dans mon cœur.
Reste-t-il encore un espoir ?**

**Se dire que tout cela n'est pas vrai,
Que je vais enfin me réveiller,
Que la douleur en moi va s'effacer.**

**Tout ce temps passé sans toi.
Pourquoi es-tu parti ?
J'ai besoin de toi pour respirer.
Reviens je t'en supplie,
Que je retrouve la joie.
Reviens je t'en supplie.**

**Il fait si sombre
Au milieu de ces décombres
Laissés par cet ouragan
Qui porte ton nom.
Tu me renfermes sur moi-même,
Sans aucun trait de lumière.
Il fait si sombre.**

Se dire que tout cela n'est pas vrai,
Que je vais me réveiller,
Que la douleur en moi va s'effacer.

Œuvrer sans se relâcher,
Évacuer colère et tristesse,
Je ne peux abandonner.
Continuer de nager,
Que le tourbillon ne m'emporte
Dans les profondeurs des abysses.
Continuer de t'aimer
Et ne pas sombrer.
Continuer de t'aimer.
Continuer de t'aimer.

Thierry C.

16 août 2017.

Texte VI : La Souffrance.

**Quand tu es arrivé,
Elle était déjà là,
Tout au fond de toi,
Poussant des hurlements.
Puis les années ont passé,
Elle a grandi en toi.
Toutes ces blessures intérieures.
Qu'ont-ils fait de toi ?**

**J'entends encore ces cris,
S'exprimant à travers toi,
Avec tant de violence,
Te laissant dans la détresse.
Abattu.**

**La combattre ensemble,
La vaincre ensemble,
Putain de tristesse.**

**Puis elle t'a emporté,
Loin, si loin de moi.
Laissant derrière elle,
Une partie d'elle-même.
Pénétrant mon âme,
Assaillant mon cœur,
Elle est entrée en moi.**

**Mais peut-être était-elle déjà là ?
À t'attendre.**

**La combattre ensemble,
La vaincre ensemble,
Putain de colère.**

Maintenant elle est là,
À chaque jour qui passe,
Réveillée par un chant,
Un endroit, une pensée, un être...
Maintenant elle est là,
Et ne me quitte pas,
Emboîtant mes pas,
Accrochée à mon ombre.

Nettoyer le passé,
Pour un jour recommencer.
Nettoyer le passé,
Pour un jour recommencer.
Sans elle.

Thierry C.

31 août 2017.

Texte VII : Petit homme.

Quatre mois
Et un claquement de doigts
Pour que tu sois là,
Petit pantin de bois,
Prenant place dans mes bras.

Quatre mois
Quand tu es venu chez moi,
Petit enfant
Aux yeux perçants
Qui ont transpercé mon cœur.

Quatre mois
Quand tu as conquis mon âme.
Bébé sublime
Au sourire ravageur.

Et te voilà petit homme,
Placé sous mon toit petit homme,
Dans mes pas petit homme.

Puis les mois sont passés.
Tu t'es mis à marcher,
Tu t'es mis à parler.
Je ne pouvais que t'aimer.

Puis les mois sont passés.
Je me suis attaché
À ce petit garçon
Au visage d'ange.

Puis les mois sont passés.
J'ai appris à te connaître.
Et malgré tes tourments,
Tu en as eu du courage.

Et te voilà petit homme,
Marchant près de moi petit homme,
Nageant avec moi petit homme.

Enfin le temps est arrivé.
Que tu saches
Ce que je pense de toi,
Petit pantin de bois.

Enfin le temps est arrivé.
Je me rappelle ton humour,
Mais aussi ta générosité.
Je me rappelle ton amour.

Enfin le temps est arrivé.
Mais je ne me suis pas lassé,
Je ne peux t'oublier
Et continue de t'aimer.

Tu es parti petit homme,
Trop loin de moi petit homme,
Je t'attends petit homme.

Tinou.

1er septembre 2017.

Nous sommes dans l'attente d'une réponse du juge des enfants. Je suis inquiet. Va-t-il nous recevoir ? Va-t-il te recevoir ? Ou, va-t-il prendre une décision en s'appuyant uniquement sur la présentation du « dossier » par les services sociaux.

Je voudrais leur dire : pouvez-vous vous mettre dans la tête de cet enfant quelques instants ?

Quand Sylvie l'accompagnait au Centre social pour des droits de visite, sa maman était souvent absente. Il rentrait à la maison sans l'avoir vue.

Quand son petit frère est né, les droits de visite au Centre ont continué. Son petit frère était là, ce dernier repartait avec sa maman, l'enfant (Toi) repartait avec Sylvie. Bien entendu, lorsque sa maman venait au rendez-vous.

Devant le manque d'assiduité de la mère, les services sociaux ont décidé que les droits de visite se feraient chez celle-ci. Sylvie remettait l'enfant à une éducatrice qui se chargeait de le conduire devant la porte de l'appartement de sa maman. Là, sa maman était régulièrement absente ou n'ouvrait pas la porte. L'enfant était alors rendu à Sylvie et rentrait à la maison sans avoir vu sa mère.

Si sa maman ouvrait la porte, il passait un moment avec elle et son petit frère. Puis à la fin de la visite, il repartait avec l'éducatrice et était rendu à Sylvie. Son petit frère restait avec sa maman.

Imaginez l'impact que tout ceci a eu sur le psychisme de cet enfant. Nous, nous l'avons vu cet impact. Un tourment effroyable visible au quotidien.

Je voudrais leur dire : pouvez-vous vous mettre à notre place un instant ?

Nous avons accueilli cet enfant à l'âge de quatre mois. Nous l'avons géré nuit et jour pendant huit ans. Non scolarisé, refusant toute autre famille d'accueil pour des relais afin de nous laisser souffler un peu. Un enfant refusant toutes les autres structures d'accueil.

Je voudrais leur dire : mais qui sommes-nous ?

Vous m'avez demandé d'avoir un rôle de père pour lui. Vous lui avez dit qu'il pouvait nous aimer. Vous lui avez dit qu'il pouvait nous appeler maman et papa. Quand c'est devenu très compliqué, vous m'avez demandé si je pouvais prendre des congés pour aider Sylvie à le gérer.

De l'âge de quatre mois à l'âge de dix ans nous l'avons élevé comme nos propres enfants. Il nous a suivis partout en vacances, lors des fêtes de famille. Nous nous sommes énormément investis pour l'aider, avons fait des sacrifices.

L'accueillir, c'est aussi accueillir sa souffrance. Comment ne pas s'attacher ? Après tout ce que nous avons partagé. Comment ne pas l'aimer ? Ne pas nous revoir n'effacera pas tout ce qu'il a vécu.

5 septembre 2017.

Audience correctionnelle au Tribunal.

Un homme est jugé pour homicide involontaire. Le hasard veut qu'à cette occasion je fasse la connaissance de l'éducatrice qui s'occupe de toi au foyer. Elle m'est présentée par un collègue dont c'était la voisine. Elle accepte de me donner des nouvelles de toi. Tu vas bien, tu fais des progrès, mais tu as toujours des difficultés relationnelles. Au mois d'août, tu as passé quinze jours à l'hôpital psychiatrique. Elle m'informe qu'il y aura une réunion fin septembre te concernant où seront présents l'ensemble des services qui s'occupent de toi. Tu demandes à nous voir et les choses ont évolué. D'après elle, nous pourrions nous revoir. Elle va argumenter dans ce sens lors de la réunion. J'espère que les services sociaux ne s'y opposeront pas. Nous avons également parlé des cadeaux pour ton anniversaire. Je crois qu'elle te les fera passer même si le service n'est pas d'accord. Sylvie a déjà commandé une peluche de Dedenne.

Je suis content d'avoir fait sa connaissance. Elle a l'air gentille. Je pense qu'elle s'occupe bien de toi.

6 septembre 2017.

Ta maman est passée au commissariat. Elle a demandé à me voir. Comme je n'étais pas là, elle a laissé un message pour Sylvie et moi. Pour nous dire que tu vas bien. C'est touchant !

12 septembre 2017.

Jour de ton onzième anniversaire. Rien, pas de nouvelle, pas de réponse. Ce silence qui t'entoure me pèse énormément. En fin d'après-midi, Sylvie a appelé le foyer. Ils ont fêté ton anniversaire hier. Je rentre du travail et je pleure de ne pouvoir t'embrasser, je pleure de ne pouvoir t'enlacer.

14 septembre 2017.
5ème rencontre.

Sur le trajet te conduisant de l'école spécialisée au foyer, tu ne cesses de demander à J.P., le chauffeur, si je serai là.

Quand tu passes devant moi en voiture, tu me fais de grands gestes avec un sourire allant d'une oreille à l'autre. Ton véhicule stoppe, tu te détaches, ouvres la portière et te jettes dans mes bras.

« Qu'est-ce que je suis content ».

Je te le redis :

« Qu'est-ce que je suis content ».

Nous restons un long moment dans les bras l'un de l'autre en nous serrant très fort.

« Ils ne comprennent pas ».

Ces mots sortant de la bouche d'un petit garçon de onze ans me troublent.

Je me suis juré que je ne passerai pas un second anniversaire sans te le fêter. Je me dirige vers ma voiture dans laquelle j'attrape un petit panier en osier. À l'intérieur j'y ai placé deux voitures de collection de Cars 3 soigneusement emballées dans du papier cadeau par le vendeur du magasin de jouets. J'y ai également mis trois parts de gâteau que je viens d'acheter à la boulangerie et une enveloppe avec le texte « Petit homme. »

Nous nous partageons les gâteaux. Tu choisis le cookie. Sur celui-ci, je place deux bougies pour représenter le 1 de tes 11 ans. Je les allume avec une allumette pour que tu puisses les souffler. Un véritable anniversaire quoi ! Puis tu me demandes si tu peux ouvrir les cadeaux.

Mes collègues effectuent un contrôle routier pour cette occasion. J.P. discute avec eux et il ne voit pas le temps passer. Cela nous permet de discuter pendant trois quarts d'heure. Je te lis le poème que j'ai écrit pour toi (petit homme). Tu es ému et me souris tendrement.

Texte VIII : L'amour te ramènera.

Lorsque tu m'aperçois,
D'un geste désordonné,
Tu te défais de tes liens.
La porte s'ouvre bruyamment,
Brisant ce silence qui t'entoure.
Tu te précipites dans mes bras,
Heureux d'être là.

Je suis content de te voir.
Je te murmure à l'oreille,
Comme je suis content de te voir.
Enlacés l'un contre l'autre,
Je te porte encore une fois.
Ces mots surgissent du fond de mes entrailles,
Comme je suis content de te voir.

Une rencontre formidable,
Ils ne comprennent pas.
Ces mots sortent de ta bouche,
Ils ne comprennent pas.
Cela semble irréel.
Si seulement ils pouvaient nous voir.
Si seulement ils pouvaient nous entendre.

Tu veux rentrer à la maison,
Écoute ton cœur.
L'amour te protégera,
L'amour te ramènera.

Si ta tête te fait mal,
Écoute ton cœur.
Souviens-toi que nous t'aimons,
Puis l'amour te ramènera.

Ils veulent que je te laisse partir.
Je continuerai de me battre,
Tu en vaux la peine.
Je continuerai d'avancer,
Tu es trop important.
Tu verras avec le temps,
L'amour te ramènera.

Ce n'est pas là, la seule issue,
Écoutons nos cœurs.
Il faut tenir le coup,
Ne pas se dérober.
Tenir le coup.

Que nos larmes cessent de couler.
Que nos cœurs s'arrêtent de saigner.
Que cette plaie ne soit plus qu'une cicatrice.

Tu veux rentrer à la maison,
Écoute ton cœur.
L'amour te protégera,
L'amour te ramènera.

Si ta tête te fait mal,
Écoute ton cœur.
Souviens-toi que nous t'aimons,
Puis l'amour te ramènera.

Thierry C.

21 septembre 2017.
6ème rencontre.

L'émotion est retombée. Nous évoquons quelques souvenirs, comme le lâcher de ce black-bass dans la mare en dessous de la maison. Tu me surprends, car tu me parles d'événements dont j'ai du mal à me rappeler. Tu as de la mémoire. Tu me prouves encore une fois que tu as des capacités. Nous ne resterons pas longtemps ensemble, car aujourd'hui J.P. est un peu plus pressé par le temps.

22 septembre 2017.

C'est l'anniversaire d'Alexis. Avec Sylvie nous lui rendons visite au foyer où nous sommes bien accueillis. Petit goûter sur la terrasse, cadeaux, souvenirs et avenir font partie de la discussion. Il t'a rencontré, il y a peu de temps. Tu ne l'as pas reconnu tout de suite. Alexis nous dit que tu avais l'air bizarre, comme shooté. Nous ne cherchons pas à en savoir davantage et profitons du moment.

Texte IX : Je me soucie.

Es-tu sur cette voie ?
Ce n'est pas juste.
Qui peut t'aider à ne plus souffrir ?
Ce ne peut être toi,
Ce n'est pas juste.
Qui se soucie de ton avenir ?
Je prie pour ton devenir.

Elle ne présente qu'un instant,
De l'alcool dans le sang,
D'un pas mal assuré,
Trébuchant sur son passé.
Qui se soucie de son devenir.

Elle n'est que cette minute,
Dans les veines le poison,
Dans ses yeux nulle expression,
Regardant dans le vide.
Qui se soucie de son devenir.

Elle s'est posée sur le passage,
Revêtue de ses guenilles,
Sa main tendue vers le ciel,
Pour se quérir de l'essentiel.
Qui se soucie de son devenir.

Es-tu sur cette voie ?
Ce n'est pas juste.
Qui peut t'aider à ne plus souffrir ?
Ce ne peut être toi,
Ce n'est pas juste.
Qui se soucie de ton avenir ?
Je prie pour ton devenir.

Moi je me soucie de toi.
Je me soucie.

Thierry C.

Le poison dans les veines, (Huile sur papier)

Thierry C.

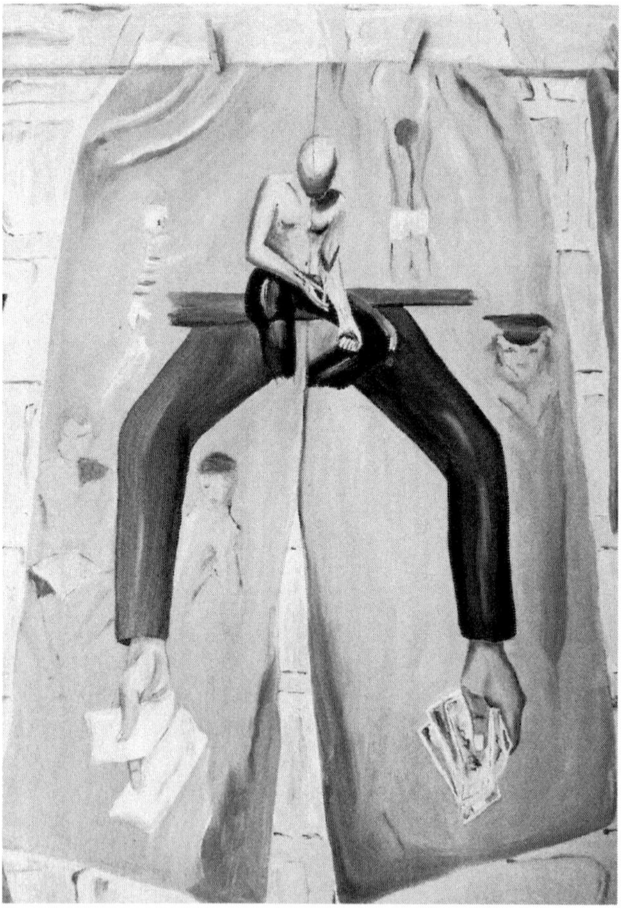

La quête de l'essentiel, (Huile sur papier)

Thierry C.

28 septembre 2017.
7ème rencontre.

Lorsque tu m'aperçois depuis ton véhicule, tu te mets à gesticuler dans tous les sens. Visiblement heureux de cette nouvelle rencontre.

Malheureusement un appel urgent nous oblige à partir rapidement.

Juste le temps de te serrer très fort contre moi, de t'embrasser et de te dire combien je t'aime.

1er octobre 2017.

L'émission de télévision 7 à 8 sur le thème « les enfants de la colère » :

Je te reconnais au travers de cette émission, le cri de ces enfants, ton cri, mes mains posées sur les oreilles. Je t'entends de toute façon. Le son est en moi. Peu importe : tu as mal, je t'aime ; tu es en colère, je t'aime ; tu es triste, je t'aime. T'aider, je veux simplement t'aider.

4 octobre 2017.

Message de Sylvie au responsable des services sociaux :

« Je reviens vers vous, car le greffier du tribunal m'a dit que le dossier vous avait été transmis, je voulais connaître la suite.

Merci de m'orienter vers la personne qui traite notre demande et du droit de visite pour l'enfant. Cordialement. »

5 octobre 2017.

Réponse du responsable des services sociaux :

« Lorsqu'une demande du tribunal arrive comme cela, c'est le territoire en charge du suivi de la mesure qui instruit celle-ci, donc je pense dans le cas de l'enfant en question, c'est l'équipe de suivi de ce dernier. Respectueusement. »

Dans l'après-midi, je suis au point de rencontre. Le temps passe. Je crains que tu ne viennes pas, mon cœur se serre. Je ne te verrai pas. Aujourd'hui, je ne te verrai pas.

Texte X : La silhouette,

Pas à pas depuis ton absence,
J'avance sur une corde
Suspendue au-dessus d'un vide
De colère et de tristesse.
Chaque nœud est un obstacle
Que je franchis péniblement,
Sans trop vaciller
Pour ne pas sombrer.
Avec une crainte,
Que la corde ne se défile
Avant que j'en atteigne l'extrémité,
Qu'un brouillard épais
M'empêche de distinguer.

Mais j'entrevois cette silhouette
Qui m'appelle et me rappelle
Que tu es toujours là.

Pas à pas depuis ton absence,
J'avance dans un tunnel
Dont les parois sont bâties
D'un épuisant labeur
Qui inhibe la conscience,
Favorisant l'oubli.
Si le corridor est parsemé
De lumières étincelantes
Qui illuminent mon existence,
J'ai du mal à déterminer
L'ombre qui se dessine dans la lueur,
Au sortir de l'obscurité.

Mais j'entrevois cette silhouette
Qui m'appelle et me rappelle
Que tu es toujours là.

La porte s'ouvre lentement.
J'entrevois ton image,
Prie pour que tu me rejoignes
Et qu'enfin tu me soignes.
Pour ne plus avoir mal.
M'aider à ne plus avoir mal.
M'aider à ne plus avoir mal.
M'aider à ne plus avoir mal.

Thierry C.

La silhouette (Huile sur toile)
Thierry C.

07 octobre 2017.

Je travaille, je me trouve à proximité de la mairie en centre-ville lorsque Sloan me rejoint. Il est accompagné par sa maman. La dernière fois que je l'ai vu, il avançait à quatre pattes. Aujourd'hui il marche, il a bien grandi. Il a de beaux cheveux bouclés. Je le prends dans mes bras, mais il est distrait par tout ce qui se passe autour de lui. Je lui fais un gros bisou. Il doit passer nous voir à la maison samedi de la semaine prochaine pour son anniversaire. Il a eu deux ans fin septembre.

Le soir en rentrant à la maison, Sylvie m'apprend qu'Alexis lui a envoyé un message. Il pense pouvoir venir nous rendre visite pendant les prochaines vacances. Par contre, il ne faudra pas que sa maman le sache. Quelle tristesse !

Et toi, quand pourras-tu nous rendre visite ? Quand pourras-tu revoir ta maison ?

9 octobre 2017.

Message de Sylvie à l'équipe des services sociaux :

« Bonjour, nous sommes l'ancienne famille d'accueil de Toi.

Je me permets de vous contacter car nous avons écrit au juge des Enfants sur le conseil du responsable des services sociaux afin de solliciter un droit de visite pour l'enfant.

Le greffier nous a assuré que le dossier avait été transmis aux services début septembre. Nous avons demandé des nouvelles à votre responsable qui nous renvoie vers vous. Nous aimerions savoir où en est notre requête, à qui devons-nous nous adresser pour savoir ce qui va se passer et quand ?

Merci de me contacter par retour de mail ou par téléphone.

Cordialement Sylvie. »

10 octobre 2017.

Réponse de l'équipe des services sociaux :
« Bonjour, nous avons reçu votre demande et nous vous recevrons prochainement. Nous pourrons en discuter à ce moment-là. Cordialement. »

14 octobre 2017.

Sloan est venu chez nous. Nous avons joué ensemble sur le sol du salon. Je me rappelle quand tu avais son âge et que nous jouions ensemble. Lorsque je le vois, je ne peux m'empêcher de penser à toi. Si tu étais là, que ferions-nous ?
Je trouverais ! Je trouverais quoi faire pour que tu sois bien.

Son sourire laisse apparaître de jolies fossettes sur chaque joue. Il est mignon, mais un peu polisson. J'adore ! Il m'a fait un gros câlin. De ceux qui remplissent votre cœur de bonheur. J'aimerais le voir plus souvent. Voir Alexis plus souvent. Te voir plus souvent.

Texte XI : Éphémère,

Le regard posé sur l'horizon,
Le temps passe.
Espérant ton apparition,
Avec angoisse.

Une étoile filante traverse mon univers.
Émotion intense pour une rencontre éphémère.

Ébloui par l'éclat de ton visage,
La nuit cesse.
Le son de ta voix brise le silence,
Et l'absence.

Une étoile filante traverse mon univers.
Émotion intense pour une rencontre éphémère.

Vouloir, mais ne pouvoir te retenir,
De quel droit ?
Car le cœur n'a aucun droit.
Te laisser repartir.

Puis,
Revenir sur ton passage,
Attendre encore,
Te revoir encore.
Émotion intense pour une rencontre éphémère.

Et un jour,
Ne plus te laisser partir.
Ne plus te laisser partir.
Ne plus te laisser partir.

Thierry C.

17 octobre 2017.

Ta maman a appelé au 17, elle voulait déposer plainte contre les services sociaux. Elle a eu au téléphone un collègue à moi qui te connaît. Il m'a relaté ses propos.

Elle t'a vu aujourd'hui pour un droit de visite au Mac do entre 14 h 00 et 15 h 30. Elle ne t'avait pas vu depuis trois ans et demi. Tu ne l'as pas reconnue tout de suite. Elle affirme que tu étais complètement robotisé, sous médicaments. Tu ne te souvenais pas de ton âge. Tu étais meurtri, respirant avec la bouche. Elle ne fait plus confiance aux professionnels de santé. Elle était en pleurs.

Mon collègue lui explique qu'elle ne peut pas déposer plainte. Qu'elle peut éventuellement passer au commissariat pour déposer une main courante. Elle ne viendra pas.

Un appel au secours. Que puis-je faire ? Attendre le rendez-vous avec les services sociaux. Pour faire quoi ? Aurai-je le droit de t'accompagner ? Je n'y crois pas beaucoup.

26 octobre 2017.
8ème rencontre.

Texte XII : Pardonne,

**Tout n'est pas blanc,
Tout n'est pas noir.
Ne sois pas en colère,
Ne sois pas triste.
Lui pardonner,
Et avancer.**

**Elle pensait faire le bon choix,
Elle t'aime c'est évident.
Prise dans ses propres tourments,
Elle ne pouvait te porter
Et a préféré te confier.**

**Tu n'es pas invisible à ses yeux,
Tous ces signes qu'elle envoie,
Elle t'aime c'est certain.
Elle pleure souvent pour toi,
Quand elle sait que tu n'es pas bien.**

**Reste là, ne fuis pas,
Crie-lui ce que tu ressens.
Que de tes liens tu te libères,
Pour trouver enfin la lumière.
Donne-lui une autre chance.**

**Tout n'est pas blanc,
Tout n'est pas noir.
Ne sois pas en colère,
Ne sois pas triste.
Lui pardonner,
Et avancer.**

Elle nous faisait confiance,
Et malgré un amour immense,
Nous n'avons pas su te garder.
Pardonne-nous,
Pardonne-nous,
Pardonne-lui.

Thierry C.

J'ai écrit ce texte suite à l'appel de ta maman au commissariat de police le 17 octobre. J'avais besoin de te parler et j'ai pu le faire lors de cette nouvelle rencontre. Mes paroles t'ont fortement ému. Tu étais au bord des larmes, mais tu n'as pas voulu céder.

Lors de notre conversation, tu me parles de Sylvie. Tu me demandes pourquoi elle ne vient pas te voir. Je t'explique que ce n'est pas possible, car ces retrouvailles ne devraient pas avoir lieu. En fait, ta question n'est pas innocente. Tu poursuis en affirmant :

« Sylvie ne veut pas me revoir ».

Je ne comprends pas pourquoi tu dis cela. Je te certifie qu'elle a très envie de te voir. Elle a écrit au juge des enfants et elle fait des démarches pour que nous puissions nous retrouver tous les trois. Tu me réponds :

« À l'hôpital on m'a dit que tu voulais me revoir mais que Sylvie, elle, ne voulait pas ».

Je suis abasourdi par ces mots. Tu n'as pas dû bien comprendre. Comment des personnes pourraient-elles te dire ce genre de chose. Elles sont là pour te soigner, pas pour te faire du mal. C'est incompréhensible. D'où sors-tu cela ?

Nous allons avoir un rendez-vous avec des personnes des services sociaux prochainement. J'espère qu'elles accepteront que l'on se revoie tous les trois.

Ce soir, nous avons Alexis pour manger. Sylvie a été le chercher au foyer. Il s'est enfin décidé à venir à la maison. Sa maman n'en saura rien, elle le prendrait mal. C'est compliqué pour lui, elle a toujours considéré Sylvie comme une rivale.

En tout cas, cela nous fait énormément plaisir. Nous avons pu échanger des souvenirs. Souvenirs dont tu fais partie pour la plupart.

Puis, nous l'avons ramené au foyer, il avait la permission de 23 h 00.

Encore une journée pleine d'émotions.

9 novembre 2017.

Dans un rêve, lors de la récréation tu joues au football quand un autre enfant te tacle à hauteur du genou.

Tu t'écroules, tu as très mal. Puis tu te relèves en pleurant. Tu te diriges vers moi, tu m'appelles :

« Papa ».

Nous avons rendez-vous avec l'équipe du service le 20 novembre.

18 h 00, nous effectuons un contrôle routier. Tu ne passeras pas, vous avez dû changer d'itinéraire afin d'éviter une nouvelle rencontre.

Texte XIII : Le temps passe,

À chaque jour qui passe,
Je pense à toi.
Perdu dans l'espace,
Je pense à toi.
Tout ce temps qui défile,
Sans toi.

La nuit s'achève,
Pour la énième fois tu es entré dans mes rêves.
Je me réveille, l'âme confuse,
L'atmosphère est pesante.
Ta chambre est vide,
Le matin est là sans lumière.
Le regard traverse les carreaux de la fenêtre,
Tourné vers l'est, là où le soleil se lève.
Il brillera tout le jour,
Mais insuffisamment pour réchauffer mon cœur.

Le jour se passe,
Je pense à toi.
Errant dans l'espace,
Je pense à toi.
Tout ce temps qui avance,
Sans toi.

La nuit tombe,
Bientôt il fera sombre.
Il restera dans le ciel ces millions de clartés.
Mon regard traverse l'obscurité
Afin de contempler ces lumières.
Pouvoir te contempler quelques heures,
En un lieu différent de ma mémoire,
En dehors des livres d'images.
Toi bien réel, bien présent devant moi.
Te contempler pendant des heures.

À chaque jour qui passe,
Je pense à toi.
Perdu dans l'espace,
Je pense à toi.
Tout ce temps qui défile,
Sans toi.

Thierry C.

16 novembre 2017.
9ème rencontre.

Tu es surpris et content de me voir. Tu ne t'attendais pas à me revoir si rapidement. Nous avons changé le point du contrôle pour le faire à l'entrée de la ville, par où tu es censé arriver et cela a marché.
Il me tarde de te revoir dans des circonstances différentes.

20 novembre 2017.

Nous sommes reçus par les services sociaux.
J'ai le sentiment qu'ils nous récitent une leçon apprise la veille.
Bien entendu ils n'y sont pour rien, ils ont suivi les indications du médecin psychiatre qui s'est trompé. Mais ça, on ne pouvait pas le savoir avant d'avoir essayé. Bien entendu ils ne sont pas responsables de ce qui a pu se passer avant qu'ils ne te prennent en charge. Bien entendu nos retrouvailles étaient prévues. Nos rencontres n'ont rien influencé. Nos premières demandes datent tout de même du mois d'avril 2017. Ils me reprochent de te voir sans leur autorisation.
Bien entendu il n'y aura pas de surprise. Nous nous reverrons une heure dans quatre semaines. Et après ? Personne ne sait. Nous avons beau nous défendre, exprimer notre douleur, rien n'y fait. Nous ne sommes pas une priorité, nous pouvons attendre. Ils n'ont pas que nous à gérer. Réglementairement nous ne sommes rien pour toi, nous n'avons aucun droit. C'est une faveur qu'ils nous font.
Et ils veulent rétablir une confiance !

22 novembre 2017.

Lettre à ton éducatrice du foyer :
« Bonjour Madame, je vous dois des explications par rapport à mon comportement de ces derniers temps.
Ils m'ont demandé d'être un père pour lui. Que feriez-

vous si du jour au lendemain on vous empêchait de voir votre enfant. Et cela pour une expérience psychiatrique qui n'a même pas fonctionné. Je pense à cet enfant tous les jours sans exception depuis son départ de la maison en avril 2016. Soit près de 560 jours qu'il submerge mes pensées et prend place dans mes rêves.

Le retrouver sur le bord de la route n'est pas un jeu pour moi. C'est là le seul moyen que j'ai trouvé pour le revoir enfin, les services sociaux restant sourds à nos demandes, alimentant le désespoir. Ces rencontres sont d'une grande intensité émotionnelle et laissent certainement des traces. Toutefois, je suis persuadé qu'il en gardera un souvenir heureux. Cela lui servira plus tard, en se rappelant qu'il compte pour des personnes et qu'il est aimé d'un amour égal à celui d'un père pour son enfant. Ces rencontres m'ont inspiré deux textes. Je les joins à ce courrier.

Si vous pouviez nous aider à nous retrouver, j'en serais heureux. Je sais que vous avez appuyé notre demande et celle de l'enfant. Je vous en suis très reconnaissant.

Nous avons eu une rencontre avec les personnes qui s'occupent de lui au service. Un rendez-vous est prévu pour le 15 décembre. Nous avons insisté pour avoir un rendez-vous plus proche. La réponse a été claire. Nous ne sommes pas une priorité pour le service, ils ont d'autres tâches plus importantes. Réglementairement nous ne sommes rien pour lui. Des mots qui font mal. Après plus d'un an et demi d'attente, il faudra encore souffrir quatre longues semaines. D'autant qu'après ce rendez-vous nous ne savons pas ce qui va se passer. Le vide ! Ils voudraient rétablir la confiance entre nous, mais il me semble qu'ils ne font pas beaucoup d'efforts.

Pour ma part, je vais essayer de leur faire confiance. Je vais arrêter les rencontres en bord de route. Elles sont aussi très difficiles pour moi. L'angoisse pendant l'attente, le bonheur pendant la rencontre et un dur retour à la réalité après. De plus Sylvie a compris que la rencontre du 15 décembre était conditionnée à cela. Du chantage alors ?

Je sais qu'il faudra du temps. Cependant vous comprendrez qu'un jour, une heure et puis on ne sait pas, ce n'est pas la réponse que nous attendons, loin, très loin de là. Que peut-on partager avec un enfant pendant une heure, quand on a pu partager avec lui les joies de la plage, de la neige...

Nous avons passé des journées entières à jouer ensemble, mais aussi à lire, à écrire et à visiter des musées. Apprendre !

Voilà un courrier pour vous dire mes sentiments pour cet enfant. Exprimer aussi mon ressenti, j'en suis désolé.

Pour cet enfant que j'aime du plus profond de mon être.

Pour un jour recommencer. »

Thierry C.

« Dites-lui que je l'aime et que je l'embrasse tendrement. »

26 novembre 2017.

Texte XIV : La chapelle,

**Aujourd'hui,
Je suis entré dans une chapelle,
Je me suis tourné vers Dieu.
Pourquoi est-ce si difficile
De rendre un enfant heureux ?**

**Le prémunir du pire,
Ne pas le voir souffrir.
Qu'il soit un enfant chéri,
Un enfant plein de vie.**

**Le prendre par la main,
Lui montrer le chemin.
Le regarder grandir,
Lui bâtir un avenir.**

**Je suis entré dans une chapelle,
Et j'ai demandé à Dieu.
Pourquoi tout ce silence,
Face à tant de souffrance ?**

**Voir la lueur dans ses yeux,
Ne serait-ce qu'un vœu pieux ?
Se nourrir de son sourire,
Un bonheur inaccessible ?**

**L'inonder d'un amour
Qui l'habitera toujours.
Pour fortifier son cœur,
Pour aguerrir son âme.**

Je suis entré dans une chapelle,
Je me suis tourné vers Dieu.
Pourquoi est-ce si difficile
De rendre un enfant heureux ?

Aujourd'hui,
Je suis entré dans une chapelle
Et j'ai parlé à Dieu.
Sortons de la chapelle,
Faisons l'état des lieux.

Thierry C.

1er décembre 2017.

Pour la première fois depuis ton départ, des flocons font leur apparition. Assis sur un fauteuil je contemple, au travers des carreaux de la fenêtre, les cristaux portés par le vent. Ils tourbillonnent dans l'air avant de finir leur course sur le sol. Je pense à toi et je nous revois : toi, Alexis, moi, au milieu du pré, déchirant le manteau blanc pour façonner une sphère énorme sur laquelle vous irez vous percher. Je me rappelle ces bonhommes de neige qui une fois terminés et photographiés avaient une destinée peu enviable. Ils étaient terrassés à coups de boules de neige puis achevés à coups de pied et de poings. Je me souviens enfin des inévitables batailles de boules de neige. Je me souviens de ces moments de bonheur partagé.

Cette vision du temps qui d'ordinaire nous rend heureux, me rend triste. Une larme gagne le coin de mon œil, s'écoule le long de ma joue pour finir sa course dans mon cou. Encore quatorze jours avant de te revoir.

12 décembre 2017.

Sylvie m'appelle, elle a reçu un appel téléphonique. Le service nous apprend que tu es hospitalisé. Il est possible que nous ne puissions pas te voir vendredi. J'ai très mal, je suis bouleversé.

13 décembre 2017.

Pas de nouvelle.

J'ai peur, car le psychiatre peut prendre une décision qui nous tiendra éloignés loin l'un de l'autre pendant encore longtemps. Par désespoir j'appelle l'hôpital psychiatrique pour enfant où on me met en relation avec le docteur. À toutes mes interrogations et explications il me dit « Je comprends ». Il se cache derrière le secret médical pour ne pas avoir à me répondre. Il me renvoie aux services sociaux, me parle de droit, de juge des enfants, de la responsabilité de l'adulte. Il m'agace et je le lui fais savoir.

Je lui explique que peu importe sa décision, je te reverrai.

14 décembre 2017.

Ces quelques mots sortent de ma tête.

Attendre son bébé pendant plus d'un an et six mois. Avoir enfin l'autorisation de le revoir, mais dans un mois seulement. Vivre et souhaiter cet instant dans l'angoisse, la peur que le rendez-vous ne se passe pas bien. Ou pire encore qu'il n'ait finalement pas lieu. Puis, trois jours avant le moment tant espéré, apprendre que la rencontre ne se fera peut-être pas. Passer trois jours dans la tristesse et la colère avec cette inconnue qui vous ronge et vous meurtrit. C'est monstrueux.

« Toi », je t'aime au-delà des limites de l'univers. Je me battrai contre cet immense trou noir qui nous sépare, nous étouffe et nous empêche de nous rejoindre.

15 décembre 2017.

Nous n'avons pas de nouvelle. Toutefois, nous nous rendons comme convenu sur notre lieu de rencontre. Nous sommes reçus par ton éducateur référent des services sociaux. Il nous apprend que tu seras bien présent. Nous sommes soulagés. Avant ton arrivée, nous avons une discussion avec lui. Il m'a laissé une bonne impression.

Tu entres dans la pièce, tu te diriges vers nounou, tu la prends dans tes bras et tu l'enlaces tendrement. Je vous observe, l'esprit apaisé. Pas de grande émotion, mais avec un bonheur certain. L'aboutissement de longs mois d'attente. Puis tu te tournes vers moi. Tu me regardes un petit sourire complice éclaire ton visage. Il semble me dire, ne m'en veux pas si je suis allé vers Sylvie en premier. Je ne t'en veux pas, bien au contraire, j'espérais ce geste. Puis de tes bras tu viens encercler ma taille, ta tête posée sur mon torse.

Nous nous asseyons tous les quatre autour d'une table. Tu y poses une peluche de vache range pyjama. Celle qui te suit depuis de nombreuses années. Nous échangeons quelques mots. Tu es actuellement à l'hôpital psychiatrique et tu es visiblement sous l'effet du traitement qu'ils te donnent. Tu es très calme. Peut-être trop calme ! Sylvie te remet ton cadeau d'anniversaire avec trois mois de retard. Ce n'est pas de sa faute, elle aurait tellement voulu te la donner le 12 septembre. Il s'agit d'une peluche de Dedenne. Cela te fait énormément plaisir tu la serres contre ta joue. Elle va rejoindre la colonie de peluches se trouvant sur ton lit au foyer. Ensuite, nous feuilletons un magazine de jouets à la recherche d'un cadeau pour Noël. Je pense que nous allons opter pour un Hatchimals.

Le droit de visite se termine, notre temps est imparti. L'éducateur demande si tu voudras nous revoir. Tu lui réponds oui de la tête et de la voix. C'est le moment des au revoir. Nous rejoignons l'éducatrice du foyer qui t'a accompagné et qui attend dans le couloir. Des câlins, des bisous, tu nous offres des chocolats provenant du calendrier de l'avent que nous t'avons offert au début du mois. Tu ne t'es pas trompé dans ce choix. Puis tu empruntes le couloir menant à la sortie. Avant de franchir la porte, tu te retournes, me souris et me fais un geste de la main en disant « À bientôt ». Un flash qui me ramène plusieurs mois en arrière, lors de nos adieux à l'hôpital psychiatrique lorsque tu m'as fait les mêmes gestes à travers les barreaux de la clôture de l'hôpital. Tu franchis la porte et disparais. Pour combien de temps ?

Nous retournons dans la pièce avec l'éducateur. Ce dernier nous explique qu'une réunion se tiendra vers la mi-janvier avec l'ensemble des partenaires s'occupant de toi. Au cours de celle-ci, ils décideront si nous pouvons nous rencontrer et sous quelle forme. Puis nounou insiste pour que je lui parle d'un projet pour toi.

Nounou impatiente se rend, dans l'après-midi, au magasin de jouets pour prendre un Hatchimals.

Cette journée fut un tout petit pas vers toi qui je l'espère se transformera en pas de géant.

Un projet pour toi.

Nous en avons discuté avec l'éducateur du service, le 15 décembre, après ton départ. Et je voudrais l'exposer aux différentes personnes qui s'occupent de toi afin qu'elles en discutent ensemble et voient ce qu'il est possible de faire. Mon but étant qu'une fois adulte, il y ait des personnes vers lesquelles tu puisses te tourner en cas de besoin, sur lesquelles tu puisses compter. Car, de toutes les personnes présentes autour de toi aujourd'hui, combien seront encore là pour toi à l'âge adulte. Hé bien moi, je serai toujours là pour toi. Notre maison sera toujours la tienne, comme elle l'est pour Steffie, Leslie et Rémi. Une maison où tu auras envie de revenir pour retrouver des personnes qui t'aiment et que tu aimes. C'est important de partager avec les personnes qu'on aime. Ne pas les fuir, ne pas vouloir qu'elles te détestent.

Je vais avoir du temps libre, car je peux partir à la retraite dans moins de deux ans avec six mois de congé à prendre d'ici là. Je fais donc une proposition et j'espère qu'elle sera étudiée attentivement. Devenir famille d'accueil relais pour toi. Ce ne sera pas facile, j'en conviens. Je te connais très bien et je suis parfaitement conscient des difficultés qui m'attendent. Je suis prêt à y faire face.

Je voudrais envoyer ce courrier à la responsable des services sociaux, au responsable de l'équipe éducative, à ton éducateur référant. Mais également au docteur Psychiatre, au foyer et à l'école spécialisée.

Sylvie va reprendre la lettre qu'elle trouve trop agressive et nous l'enverrons ensuite.

27 décembre 2017.

La lettre :

« Madame, Monsieur, après le Droit de visite organisé le 15 décembre 2017, nous avons discuté avec l'éducateur d'un projet concernant l'enfant. Je voudrais vous exposer ce dernier par courrier, afin que vous puissiez en discuter ensemble. Le but est de l'accompagner jusqu'à sa majorité et au-delà. Nous voudrions qu'il sache que nous serons là pour lui, que la porte de notre maison sera toujours ouverte. Une maison où il aura envie de revenir pour retrouver des personnes ayant de l'affection pour lui et qu'il aime. Où il pourra partager de nouveaux moments de bonheur. Je vais être à la retraite dans moins de deux ans avec six mois de congé à prendre d'ici là. J'aurai donc du temps libre. Je vous propose donc de devenir Famille d'Accueil Relais pour cet enfant. C'est un projet qu'il faut construire ensemble. Je sais, ce ne sera pas facile, car je le connais très bien. Je suis conscient des difficultés qui m'attendent et je suis prêt à y faire face. Dans l'attente de votre réponse, je vous prie d'agréer, Madame, Monsieur mes respectueuses salutations. »

Copie à :

-Services sociaux (responsable de service, responsable d'équipe, psychologue, éducateur).
-Foyer.
-Hôpital psychiatrique.
-Ecole spécialisée.

Se jeter à l'eau

Une mère désespérée jette son bébé dans la rivière. Je suis le premier sur les lieux du drame. Dois-je me jeter à l'eau ou rester sur la berge ? Si je saute je peux sauver l'enfant. Je peux ressortir de l'eau sans avoir sauvé l'enfant. Je peux également me noyer avec lui. Si je saute c'est avec la volonté et l'espoir de sauver cet enfant. Le pire serait de ne pas avoir essayé.

Les pompiers arriveront en même temps que nous. Ils sauveront l'enfant. Les services sociaux pourraient être ces pompiers pour « Toi ». Je pourrais les regarder te sauver. Mais voilà, j'ai du mal à me faire à cette idée. Car ils avaient connaissance de la situation de cette mère et de son enfant. L'alerte avait été donnée depuis plusieurs mois.

Après l'exil, le parloir.

La réunion entre les différentes personnes s'occupant de toi aura bien lieu à la mi-janvier. Le verdict tombera pour nous à cette occasion. Nous devrons patienter jusqu'à mi-février pour te revoir. Cela fera donc deux mois sans te rencontrer. Puis le droit de visite sera établi comme suit : une fois par mois pendant une petite heure, avec la présence d'une tierce personne, dans une pièce de dix mètres carrés.

Où est le bonheur dans tout ça ? Comment réellement partager avec toi ? Nous sommes des condamnés qui après avoir purgé une partie de leur peine ont droit à une liberté sous conditions.

Il faudra garder le positif de cette décision qui permet de garder un lien avec toi, aussi infime soit-il. Avec un espoir, voir notre situation évoluer de façon positive au fil du temps. Continuer de se battre pour qu'un jour je puisse à nouveau te voir courir dans le pré aux orchidées en contrebas de la maison.

Pour TOI, cet enfant au regard envoûtant.

Pour Natacha.

Je vous remercie pour l'enfant.

Amitiés

[illegible]

Printed in Poland
by Amazon Fulfillment
Poland Sp. z o.o., Wrocław

69922825R00072